Ganhe Dinheiro Brincando

Recreação em Festas e Eventos

Dados Internacionais de Catalogação na Publicação (CIP)
(Câmara Brasileira do Livro, SP, Brasil)

Krause, Hubert
Ganhe dinheiro brincando : recreação em festas
e eventos / Hubert Krause. — São Paulo : Ícone,
2007.

Bibliografia.
ISBN 978-85-274-0939-1

1. Animação recreacional 2. Brincadeiras
3. Entretenimento 4. Eventos especiais 5. Festas
6. Recreação I. Título.

07-4689 CDD-790.1

Índices para catálogo sistemático:

1. Brincadeiras: Atividades recreacionais 790.1
2. Festas e eventos: Atividades recreacionais
790.1

HUBERT KRAUSE

Ganhe Dinheiro Brincando

Recreação em Festas e Eventos

© Copyright 2007.
Ícone Editora Ltda.

Capa
Meliane Moraes

Ilustração
Fábio Perez

Diagramação
Meliane Moraes

Revisão
Rosa Maria Cury Cardoso

Proibida a reprodução total ou parcial desta obra,
de qualquer forma ou meio eletrônico, mecânico,
inclusive através de processos xerográficos,
sem permissão expressa do editor
(Lei n° 9.610/98).

Todos os direitos reservados pela
ÍCONE EDITORA LTDA.
Rua Anhanguera, 56 – Barra Funda
CEP 01135-000 – São Paulo – SP
Tel./Fax.: (11) 3392-7771
www.iconeeditora.com.br
e-mail: iconevendas@iconeeditora.com.br

Agradecimentos

Quero expressar minha gratidão a todos os profissionais de recreação que um dia trabalharam ou estudaram comigo e colaboraram trocando idéias durante este percurso.

À minha família e amigos que com paciência compartilharam as alegrias e as dores desta aventura que é escrever um livro.

A todos os meus professores que, com seus conhecimentos e muitos conselhos, auxiliaram-me na realização deste trabalho.

Dedicatória

Dedico este livro aos meus pais Hilbert e Lucy que propiciaram todas as condições possíveis para a realização deste trabalho. Sem eles, seria muito mais difícil.

Sumário

Prefácio — 11
Introdução — 13
I. Fundamentação Teórica — 15
II. Sábios Conselhos — 23
III. Recreação em Festas e Eventos — 29
IV. Perfil Profissional do Monitor de Recreação — 37
V. Perfil Profissional do Coordenador de Recreação — 43
VI. Hiato entre a Prática e a Teoria — 49
VII. Criação e Organização de uma Programação Recreativa — 63
VIII. Opções de Entretenimento — 73
IX. Novas Tecnologias na Recreação — 83
X. Tipos de Ambientes — 89
XI. Atividades Práticas — 95
XII. Considerações Finais — 137
Referências Bibliográficas — 143
ABRE – Associação Brasileira de Recreadores — 147

Prefácio

Homenagem a um profissional do lazer competente e determinado

Já trabalhei na linha de frente da animação e, mesmo estando afastado desse gênero de ação, acompanho tudo o que se faz e se produz sobre o assunto. Minha principal fonte de atualização, por sinal, são os meus alunos. E sempre os estimulo a escrever, a contar sua experiência.

Foi nesse contexto de relação professor-aluno que vim a conhecer o Hubert, há mais ou menos 5 anos. Sempre tivemos muitos contatos e foi assim que eu soube que ele sempre quis ser profissional do lazer. Fez o Bacharelado em Lazer na Universidade Anhembi Morumbi, quando a quase totalidade dos seus colegas preferiu o Bacharelado em Turismo. A seguir, fez a pós-graduação em docência no SENAC, quando acompanhei e orientei a sua monografia de conclusão de curso, também sobre o lazer. Sei que tem planos de mestrado e doutorado e sei que os levará em frente, como tinha a certeza de que, ao me convidar para fazer o prefácio de um livro que ainda pretendia escrever sobre a sua especialidade (animação de festas), daria conta da tarefa.

O livro aí está e, mais do que pelo mérito do conteúdo, deve ser elogiado pela coragem de dividir com os outros a sua experiência, bem como pela determinação em concluí-lo. Hubert é, antes de mais nada, um exemplo a ser seguido pelos colegas.

Escrever um livro é a melhor maneira de romper com esse preconceito corrente que pensa a promoção do lazer como algo que qualquer um pode fazer. É importante que se saiba como é difícil divertir os outros, seja individualmente, seja em grupo, principalmente crianças (que são a maior preocupação do nosso jovem autor).

Desejo que seu livro seja amplamente lido e sobretudo que o Hubert candidate-se a vôos sempre mais altos.

São Paulo, 11 de abril de 2005

Luiz Octávio de Lima Camargo

Graduado em Comunicação (Jornalismo) pela ECA (USP). Doutor em Ciências da Educação pela Universidade Sorbonne – Paris V e em História e Filosofia da Educação pela USP. Autor do livro ''Educação para o Lazer''.

Introdução

Neste livro, apresento idéias, experiências e informações adquiridas no decorrer do desenvolvimento de trabalhos com recreação em festas e eventos. Desde já, esclareço que não tenho a pretensão de dizer que trago somente novidades neste livro, tanto na parte teórica, quando na parte prática.

Este livro tem a preocupação e objetivo de auxiliar a melhorar e aperfeiçoar a mão-de-obra tão carente de informações e, principalmente, de discussões essenciais para o desenvolvimento da área da recreação em festas e eventos. Acredito que sirva como referencial para o diálogo entre os profissionais de recreação e que proporcione espaço para troca de idéias, experiências, sucessos, fracassos, realizações e descobertas.

Pensando desta maneira, acredito que as páginas deste livro continuarão sempre abertas para novas análises, críticas, sugestões, adaptações diferenciadas e até mesmo para contestações de idéias.

1

Fundamentação Teórica

P ara um entendimento mais amplo da proposta, considero este capítulo de extrema importância para desenvolver alguns conceitos que são trabalhados no decorrer do livro.

Com relação aos conceitos de Recreação e Lazer, utilizo
como base *Educação para o Lazer* (CAMARGO, 1998) de Luiz
Octávio de Lima Camargo. Esta obra é citada também em
outros momentos do livro.

Utilizo também o conceito de Antônio Carlos Bramante,
discutido no capítulo denominado *"Qualidade no Gerenciamen-
to do Lazer"* (BRAMANTE IN BRUHNS, 1997), que integra o
livro *"Introduções aos Estudos do Lazer"* (BRUHNS, 1997)
organizado por Heloisa Turini Bruhns.

Segundo Camargo (1998):

*"A diversão e o lúdico são traços de todas as sociedades
conhecidas, em todas as épocas da história, e podem acontecer em
qualquer momento do cotidiano dos indivíduos, estejam eles
trabalhando, trocando fraldas do bebê ou rezando. Já o tempo
livre (liberado do trabalho) é uma conquista moderna das lutas
sindicais, da revolução técnica do trabalho e da pressão dos setores
esclarecidos da sociedade. Concretamente, é o tempo que sobra
das obrigações profissionais, escolares e familiares, englobando o
estudo voluntário, a participação religiosa ou política e o lazer. E
o lazer é a forma mais buscada de ocupação desse tempo livre,
seja para se divertir, seja para repousar, seja para se auto-
desenvolver por meio da conversa, da leitura, do esporte etc.*

Os conceitos de lazer e recreação em nada se diferenciam do ponto de vista da dinâmica sociocultural que produziu o divertir-se moderno. As duas expressões surgem mais em decorrência de um problema lingüístico do que socioeconômico. Nem todas as línguas modernas dispõem de termo equivalente ao licere latino (lazer em português, loisir em francês, leisure em inglês). O espanhol, o italiano, o alemão não possuem palavra correspondente, adotando termos de raiz igual à recreação, com a mesma finalidade e praticamente o mesmo sentido. O tempo de lazer é apenas um tempo essencial em que podemos buscar mais situações agradáveis do que aquela que o trabalho pode nos proporcionar". (CAMARGO, 1998, p. 33)

Segundo Bramante (1997):

"Recreação pode ser considerada como produto, isto é, atividade/experiência, que ocorre dentro do lazer. O conceito de lazer já exige maiores reflexões na sua interpretação dado o seu caráter interdisciplinar e de enfoque multiprofissional, cujo entendimento dependerá da vertente predominante de análise, isto é, seja pela linha antropológica, sociológica, psicológica, etc.". (BRAMANTE, 1997, p. 123)

Aqui no Brasil, segundo Camargo (2001), os centros de pesquisa na área de Educação Física são pioneiros nos estudos do lazer. Porém, atualmente, cresce o número de contribuições que abordam o Lazer e a Recreação na área de Turismo.

Com relação ao conceito de eventos, utilizo como base o livro *Organização de Eventos, Procedimentos e Técnicas* (2001) da autora Marlene Matias. Na obra, a autora apresenta diversas possibilidades de problematização. Porém, discuto a seguir aquela que considero a mais viável para a discussão do conceito que será transcorrido no decorrer deste livro voltado para recreação em festas e eventos.

Segundo Matias (2001):

"Eventos é a realização de um ato comemorativo, com finalidade mercadológica ou não, visando apresentar, conquistar ou recuperar o seu público-alvo''. (MATIAS, 2001, p. 76)

A mesma autora (2001):
Os eventos possuem classificações.

Com relação ao público que atinge podem ser classificados em:

- **Eventos fechados** – ocorrem dentro de determinadas situações específicas e com público-alvo definido, que é convocado e/ou convidado a participar;

- **Eventos abertos** – propostos a um público. São divididos em: evento aberto por adesão é aquele apresentado e sujeito a um determinado segmento de público, que tem a opção de aderir mediante inscrição gratuita e/ou pagamento de taxa de participação, e evento aberto em geral é aquele que atinge todas as classes de público. (MATIAS, 2001, p. 76)

Também são classificados a partir de outras características e peculiaridades. A festa é uma delas. O dicionário Aurélio define "festa" como uma reunião alegre para fim de divertimento.

Porém, neste momento, é mais importante discutir de maneira pontual a conceituação existente sobre os profissionais de recreação, os quais são o foco deste livro.

Segundo Erivelto Busto Garcia em "*Os novos militantes culturais*" (GARCIA IN MARCELLINO, 1995), capítulo do livro *Lazer: Atuação e formação profissional* (MARCELLINO, 1995), organizado por Nelson Carvalho Marcellino:

"Há um novo e singular profissional no mercado. Comunicativo, versátil e de muita imaginação, ele trabalha quando todos descansam e tem a pretensão de vender a cada um de nós uma pequena parte do paraíso. Ou, ao menos, uma certa ilusão de felicidade que, como se sabe, nunca está onde nós a pomos, porque nunca pomos onde nós estamos. Esse profissional diz que veio para colocá-la no devido lugar.

É muito provável que o simples rótulo de militante cultural suscite de imediato um interesse acentuado, muito além do que pretendemos ao utilizá-lo e do que efetivamente significa. Nossos ouvidos estão habituados a denominações mais brandas como animadores culturais, agentes culturais, instrutores e monitores culturais etc., que trazem uma carga semântica mais leve, aparentemente descompromissada e menos ambiciosa. Sugerem moças e rapazes simpáticos, aplicados e atenciosos, sempre prontos a fazer alguma "animação" para espantar o nosso tédio, a organizar uma festa ou um show para nossas crianças ou para nós mesmos, uma exposição ou um torneio de futebol, orientando-nos, sempre solícitos, sobre o que fazer com o nosso tempo livre. São encontrados em clubes, entidades culturais e esportivas, hotéis, empresas de viagem, em muitas instituições públicas e privadas voltadas ao lazer, ao turismo, à cultura. São conhecidos, também, como profissionais de lazer, o que ajuda a reforçar esta primeira impressão – uma caricatura, evidentemente – de excessiva jovialidade e de inesgotável otimismo (GARCIA IN MARCELLINO, 1995, pp. 23-4)".

Segundo Erivelto (GARCIA IN MARCELLINO, 1995), o militante cultural ou o profissional do lazer é:

"Todo aquele que realiza ações no plano da cultura, no tempo livre dos indivíduos, seja para estimulá-los à produção de bens culturais, seja para ampliar a sua participação na apropriação desses bens, tendo como motivação básica tanto o prazer de dedicar-se a algo com que se identifica fortemente, quanto valores pessoais que conferem à cultura, papel importante para o desenvolvimento das pessoas, dos grupos, das comunidades e da sociedade em geral". (GARCIA IN MARCELLINO, 1995, p. 33)

Esta breve aproximação da bibliografia é suficiente para a constatação de que compreender conceitos e classificações não é tarefa simples. A literatura sobre o assunto — lazer e eventos — é vasta. No final do livro, cito algumas referências bibliográficas que abordam estes assuntos de forma mais profunda.

II

Sábios Conselhos

C aro colega leitor...

Se você se interessou pelo assunto deste livro e tem interesse em se iniciar nesta área, este capítulo lhe serve de aconselhamento.

Há uma grande diferença entre procurar emprego ou trabalho e procurar uma profissão. É importante que uma pessoa em início de carreira, dedique parte de seu tempo ao conhecimento de seus gostos e habilidades, bem como ao estudo das possibilidades do mercado de trabalho.

Assim, se você está procurando o seu caminho, antes de tudo, é preciso se conhecer. Isto significa saber quais são suas reais habilidades e que tipos de trabalho combinam com a sua personalidade.

Entre os componentes do sucesso estão o gosto e a habilidade. Isto quer dizer que as pessoas tendem a gostar do que fazem bem e ao mesmo tempo fazer bem aquilo de que gostam.

Pense em tudo o que você já fez na vida... Profissionalmente ou não.

Pense também nas características de sua personalidade... Gosta ou não de estar cercado de pessoas? Gosta ou não de trabalhar quando os outros estão se divertindo?

Este é um princípio do seu perfil.

Além do tipo de trabalho, você deve refletir também sobre o tipo de situação que gostaria de trabalhar... Eventos corporativos ou festas de aniversário? Recreação em locais fechados, como buffets infantis e/ou casa de festas, ou em ambientes abertos como um grande espaço para eventos? Opte pelo que lhe oferece maiores chances de sucesso.

Para conhecer o mercado de trabalho, faça pesquisas, converse com amigos ou pessoas que já atuam nesta área e que se dispõem a orientá-lo. Observe como é a vida profissional destas pessoas... Veja onde você se encaixa. Quando souber o que é mais viável para você, ponha a boca no mundo. Veja a possibilidade de conseguir indicações.

Procure conhecer a fundo sua futura área de atuação e, se possível, participe de cursos, seminários, simpósios, encontros e congressos, os quais são excelentes para troca de contatos profissionais, experiências que estimulam também a criação de novas idéias.

Desenvolva o hábito de estudar, ação essencial para o profissional de êxito. O bom profissional de recreação lê tudo o que se publica em sua área, além de assuntos de interesse geral, principalmente aqueles que estão atrelados ao seu público-alvo. É importante que o profissional de recreação se permita vários tipos de vivências no mundo do trabalho, ou seja, que procure se vincular aos mais diversos campos de atuação.

No setor de recreação em festas e eventos, muitos empregadores não têm a rotina de procurar funcionários através de anúncios em jornais. Por isso, não se esqueça da possibilidade de se transformar num prestador de serviços. Seja criativo... O fato de serem os estudos e a profissionalização da recreação recentes no Brasil, favorecem à possibilidade de criação de novos nichos de integração.

Encontre oportunidades e desenvolva inúmeros tipos de atividades, desde opções recreativas para crianças até a realização de atividades recreativas para a terceira idade. O profissional de recreação valoriza seu currículo quando sua carreira é construída através de experiências e vivências profissionais diferentes.

O segredo da vida não é fazer o que se gosta, mas gostar do que se faz. Lembre-se sempre de suas qualidades e habilidades e tenha uma atitude positiva. Vale a pena... Boa sorte!

III

Recreação em Festas e Eventos

A recreação em festas e eventos é um tipo de serviço que constitui uma transação realizada entre pessoas físicas ou empresas, cujo objetivo não está associado à transferência de um bem, mas sim de um serviço como um ato, uma ação, um esforço, um desempenho a ser oferecido para uma clientela que merece ser bem atendida de acordo com a expectativa que criam em torno da festa ou evento.

A qualidade de um serviço de recreação não é controlada como produto original de uma indústria, um produto tangível, mas sim medida no exato momento em que se dá a prestação deste serviço, quando se pode avaliar o grau de satisfação do cliente e do público participante durante a realização das atividades recreativas.

O mercado de recreação em festas e eventos cresce sensivelmente, pois está diretamente ligado a outros setores de prestação de serviços, como o de organização dos mesmos, buffets fixos ou a domicílio, casas de festas, que cada vez mais, oferecem diferentes opções de entretenimento como diferencial para seus clientes.

Por que ser Profissional?

Criar e manter clientes é essencial para o sucesso e lucro de um profissional que atue com recreação em festas e eventos. O profissional deve chegar à excelência no atendimento, preocupando-se com pequenos detalhes, visando superar as expectativas de seu cliente.

É este quem constitui a própria razão de ser do profissional. É para ele que o profissional de recreação trabalha, produz e comercializa. É para ele que estão voltadas todas as atividades e toda a inovação e criatividade.

Clientes são consumidores. E consumidores são pessoas ou instituições que adquirem os produtos ou serviços produzidos pela organização para utilizá-los e consumi-los na expectativa de satisfazer suas necessidades. E, nos tempos atuais, não basta satisfazer somente as necessidades de seu cliente. É preciso satisfazer os seus desejos.

Um profissional de recreação encantador é aquele que, além de atender às expectativas do cliente, surpreende-o também de forma positiva. Tem como principal diferencial apresentar algo a mais.

O encantamento ocorre quando o cliente espera um determinado nível de serviço e percebe que o nível de serviço recebido é melhor e supera suas expectativas. O profissional de recreação que consegue esse grau extra de satisfação está sempre um passo à frente de sua concorrência. A ação inovadora é a principal arma do profissional no mercado de trabalho. E, como dizia *Walt Disney*, "você deve amar o seu produto/serviço e o seu cliente acima de tudo".

Para ter sucesso nos negócios, os profissionais de recreação precisam ser "profissionais", dar a seus clientes uma experiência com significado e merecedora de recordação. Não cabe mais amadorismo.

Segundo Marcellino (2002):

"Muitas vezes o profissional da área coloca como "qualidade" do seu trabalho profissional o "agradar ao cliente";

muitas vezes, nesse "agradar ao cliente", o riso é fácil e o corpo bonito e solícito do profissional de lazer disfarça a falta de condições de trabalho e de equipamentos não só do seu setor, mas de toda a organização, seja ela pública ou privada. Para o gerente do acampamento, do hotel, do SPA, ou de qualquer outro local, as equipes de lazer têm, via de regra, a função de "tampar o sol com a peneira", de disfarçar, com sua amabilidade e sua simpatia — muitas vezes forçadas —, as deficiências de serviço. Isso ocorre, muitas vezes, também por iniciativa própria do profissional do lazer, para suprir sua falta de preparo profissional. Por exemplo, em vez de organizar uma festa adequadamente, com as estratégias de participação, quando for o caso, passa a "animar" (no sentido pejorativo) o evento, procurando mascarar sua falta de qualidade. Já está na hora de o setor privado perceber que é com competência que se faz "lucro", que se atende bem o "cliente", e não "dourando a pílula", com o comportamento estereotipado de anacrônicos "bobos da corte", sem corte". (MARCELLINO, 2002, p. 12)

Hoje os clientes impõem seus gostos e desejos, diferentemente dos consumidores do passado, que eram muito receptivos e influenciados pelos profissionais e suas empresas.

Os clientes de hoje sabem o que querem. Mudanças não os assustam, como na geração de seus pais. Elas desafiamno, estimulam-no. Os clientes querem novidade, querem sofisticação técnica.

O profissional de recreação não pode atuar simplesmente como um aplicador de atividades recreativas, capazes de integrar pessoas e oferecer opções de entretenimento. Atualmente ele também é um profissional que se responsabiliza pela gestão das situações, nas quais são aplicadas estas atividades.

Assim sendo, no campo profissional, espera-se dele atitudes básicas:

- Que tenha conhecimento de vários tipos de atividades recreativas, bem como o domínio do uso destas para utilizá-las durante sua programação.
- Que desenvolva capacidade de adaptação das diversas atividades, modificando-as naquilo que for necessário para que possam ser usadas com aproveitamento pelos participantes, individualmente ou em grupos.
- Que, pelo conhecimento e domínio prático de muitas atividades recreativas e por sua capacidade de adaptação das atividades existentes, torne-se capaz de criar novas atividades recreativas que melhor respondam às necessidades para conquista dos objetivos propostos. Afinal, as atividades são instrumentos e, como tais, são criadas por aqueles que vão usá-las.

O profissional de recreação que atende bem seus clientes autodesenvolve-se, aumenta suas chances para uma ascensão profissional, recebe credibilidade perante outros profissionais que atuam no mesmo setor e, principalmente, colabora para conscientização da importância da qualidade e capacitação profissional como diferencial competitivo no contexto da área de recreação.

O profissional deve estar preparado para adequar diferentes opções de recreação às expectativas do mercado. O trabalho do profissional de recreação exige preço justo, criatividade e diferenciais agregados. Para que isso se desenvolva de forma adequada, é preciso de uma postura mais competitiva, mais empresarial, e que se estabeleçam novos padrões de qualidade, de serviços, e de capacitação profissional.

Excelência no Atendimento

Empresas organizadoras de festas e eventos e profissionais prestadores de serviços voltados para o entretenimento das pessoas, precisam da consciência de que um consumidor insatisfeito com o atendimento procura outra empresa ou profissional que lhe ofereça o grau de excelência desejado.

Para o cliente, não existe desculpa. Ele não aceita nada menos que a perfeição. E este deve ser o objetivo maior... Perfeição em todos os sentidos.

Só assim uma empresa ou um profissional que atua com recreação em festas e eventos consegue satisfação total de seus clientes, contribuindo para a extinção de amadores que atuam no setor.

Lembre-se... Conhecimento é poder.

Quanto mais seu conhecimento servir à ação, mais fácil será separar empresas e profissionais ruins de boas empresas e bons profissionais. Quanto mais desenvolver sua capacidade de conhecer sua área de atuação, maior visão terá sobre ela.

Em muitos lugares ainda predomina o paradigma de que os concorrentes dos profissionais de recreação são os próprios clientes ou pessoas que executam de forma amadora esta atividade. Por exemplo: uma mãe, ao planejar a festa de aniversário de seu filho, imagina a si própria, parente ou amigo mais extrovertido assumindo a função de um profissional de recreação. Os próprios organizadores ou os convidados elaboram e executam uma programação de atividades recreativas.

Até hoje, essa prática ainda é recorrente, porém, em menor escala. Isso porque os responsáveis pelas festas e eventos constatam, cada vez mais, que sua função é de planejar e deixar que profissionais especializados cuidem das ações. É preferível contratar profissionais especializados e, então, com comodidade, participar da festa ou evento sem maiores preocupações.

Retorno

A grande vantagem da realização de atividades recreativas em festas e eventos é medir os resultados em curto prazo. Afirmo de maneira genérica, pois existem exceções, como, por exemplo, gincanas de duração variada.

Mas, quase todas as atividades recreativas oferecem mensuração imediata dos resultados. Constata-se, quando de sua realização, se uma atividade recreativa funciona ou não. E a medida é uma só: a escolha da atividade recreativa é ou não propícia àquele determinado momento e público.

Existem também atividades recreativas cujo objetivo não é somente a diversão. Existem as atividades nas quais o objetivo principal é a integração entre os participantes. Mas, ainda assim, pode-se medir os resultados: a atividade facilitou a integração dos participantes ou não.

IV

Perfil Profissional do Monitor de Recreação

O profissional de recreação que trabalha com festas e eventos lida diretamente com gente, com pessoas. Portanto, deve possuir determinadas características, as quais acredito serem essenciais para um bom desenvolvimento deste tipo de trabalho. Acredito que a função principal do profissional de recreação atuante em festas e eventos é oferecer diferentes opções de entretenimento para o seu público-alvo e se possível facilitar a integração e a convivencialidade entre os participantes das atividades.

Segundo Camargo (1998):

> *"Os profissionais de recreação em resumo: devem gostar de gente e de cultura. Se gostarem de gente e não de cultura, podem se sair melhor em outras formas de trabalho social, como a assistência social, a política partidária, as associações religiosas ou filantrópicas. Se apenas gostarem de cultura, podem ser produtores culturais (artistas, esportistas, cientistas, artesãos etc.). Mas, para serem profissionais de recreação, devem ter o feeling, a intuição da ludicidade e a capacidade de dotar as programações dessa característica". (CAMARGO, 1998, p. 141)*

Um exemplo prático desta observação de Camargo são as pessoas que não trabalham com recreação enxergando uma caneta como um simples objeto feito para escrever. Já profissionais de recreação, enxergam a caneta como um brinquedo. O leitor deve se perguntar como isso é possível? Simples... A partir do momento em que o profissional esconde a caneta e solicita aos participantes da atividade que a procurem, a caneta se transforma num instrumento recreativo, um brinquedo. Atitudes como esta, estimulam o profissional de recreação a pensar "recreativamente".

Sempre que possível, o profissional de recreação deve estar atento às reações espontâneas de seu público – movimentos corporais, gestos específicos e expressão facial – de forma a saber como o público reage a eles e como eles reagem às atividades recreativas propostas. Estes são os *feedbacks* que os participantes transmitem ao profissional.

O profissional de recreação deve estar atento ao que acontece à sua volta, evitando situações potencialmente perigosas para o seu público participante. Quando assume um risco, sempre calcula e pondera sobre o mesmo, estando consciente de mais detalhes e opções disponíveis.

Deve também evitar comentários sarcásticos.

Pessoas que fazem estes comentários, especialmente os seguidos por "eu só estava brincando", demonstram inveja ou não gostar de alguém. Nestas palavras existe um sentimento de competitividade, atitudes estas impróprias para um profissional.

É comum, os profissionais acreditarem que ao desenvolverem atividades recreativas, os participantes aceitem qualquer atividade que eles propõem. O cliente, ao contratar uma empresa ou profissionais especializados neste segmento, procura serviços com conteúdo e com valor correspondente à qualidade de sua expectativa. Os truques de falsas promessas, de tentativas de iludir o cliente, não valem mais. O cliente, hoje, não se defende, vinga-se. E o faz não contratando mais seus serviços. É preciso fazer com que, cada vez mais, o profissional de recreação preste um serviço de qualidade.

Para realizar um serviço de qualidade, o profissional de recreação tem de pensar em diferentes possibilidades, diferentes opções de atividades recreativas e, então, adaptá-las, visando adequar e atender às características e necessidades do seu público-alvo.

Segundo Camargo (1998), o profissional de recreação tem as seguintes características:

- *" Uma polivalência cultural, ou seja, um conhecimento pelo menos elementar dos diferentes campos da ação cultural e das diferentes técnicas de trabalho; mesmo os animadores especializados numa determinada prática cultural (ginástica, dança, música, cinema etc.) necessitam dessa polivalência;*
- *Conhecimento sobre as peculiaridades de participação dos diferentes públicos, do ponto de vista do sexo, da faixa etária, da classe socioeconômica ou sociocultural". (CAMARGO, 1998, pp. 141 - 142)*

Camargo (1998), após anos de prática e observação de profissionais de recreação, afirma que pouco importa se ele é extrovertido ou introvertido, do tipo brincalhão ou mais tímido; se extrovertido, não pode e não deve ser invasivo; se introvertido ou tímido, não pode ser inseguro. (Cf. CAMARGO,1998, p. 143)

O autor complementa afirmando que, na realidade, os profissionais de recreação perdem em eficiência profissional, podendo mesmo ser nocivos, se forem incapazes de respeitar o universo pessoal de cada cliente e seu eventual desinteresse em participar da atividade que ele propõe. O profissional de recreação deve sempre estimular o público a participar de uma programação ou atividade recreativa e nunca constrangê-lo a participar. Em resumo, nunca obrigue ninguém a participar de uma atividade recreativa e sim a convide, proponha, ofereça a opção de entretenimento.

O trabalho com recreação é, sem dúvida, atraente, pois é sempre renovado e diferente. Com as rotinas reduzidas ao mínimo, o profissional tem contato direto com as pessoas, em situações descontraídas e, muitas vezes, ao ar livre. Em contrapartida, a jornada de trabalho se desenvolve na contramão das demais profissões: trabalha-se quando a população descansa, em finais de semana, feriados e épocas de férias escolares.

V

Perfil Profissional do Coordenador de Recreação

Neste capítulo é importante discutir alguns referenciais que integram o repertório daqueles que já possuem experiência com recreação e que, atualmente, coordenam uma equipe de profissionais de recreação atuantes em festas e eventos. A leitura e a aplicação deste conhecimento na prática, também é um diferencial para aquele profissional que almeja ser coordenador.

O profissional de recreação, quando assume um cargo de coordenação, precisa se preocupar com alguns aspectos importantes no relacionamento com sua equipe. Destaco os seguintes, os quais são essenciais para a realização de um bom trabalho:

- O coordenador de recreação deve procurar ser um líder democrático e incentivador.
- Facilitar a interação da equipe. Procurar fazer com que funcione harmonicamente, sem dominação.
- Dar oportunidade, quando possível, para que os outros integrantes de sua equipe se promovam e realizem-se, proporcionando condições para que a equipe funcione bem.
- Divisão de tarefas conforme habilidades individuais para o desenvolvimento do trabalho de forma tranqüila.

Segundo Camargo (1998):

"O coordenador de recreação deve ter capacidade para montar e coordenar equipes com profissionais de variada formação e origem". (CAMARGO, 1998, p. 141)

O coordenador que trabalha com diferentes profissionais de diferentes formações só tem a ganhar, porque adquire técnicas e conhecimentos específicos de cada área. As áreas que mais demandam profissionais de recreação são: Educação Física, Turismo, Hotelaria, Pedagogia, Artes cênicas, cursos na área de comunicação e recentemente cursos específicos em Recreação e Lazer.

O coordenador de recreação não deve ser um criador de obstáculos, mas sim procurar aceitar as idéias coerentes de sua equipe, podendo ser esta experiência muito enriquecedora. Não enxergar nenhum profissional de recreação de sua equipe como uma ameaça. Respeitá-los, procurar agir de tal forma que cada um se sinta importante e necessário no grupo. O coordenador deve elogiar sua equipe, saber encorajar e dar confiança. Reconhecer e compartilhar explicitamente os sucessos obtidos com sua equipe.

O coordenador de recreação deve passar tranqüilidade para a sua equipe, demonstrando para os profissionais que podem confiar nele em qualquer emergência. Não deve, de forma alguma, usar o grupo para interesses pessoais. Deve acreditar na possibilidade de que o grupo saiba encontrar suas próprias soluções, sem recorrer sempre à ajuda.

O coordenador de recreação, quando assume o poder de decisões sobre determinados aspectos de uma programação recreativa, deve saber distinguir a diferença entre o importante e o acessório. Deve prever detalhes, evitando improvisação.

O coordenador de recreação, pelo menos duas vezes por ano, deve dedicar parte de seu tempo para auto-avaliação. Esta serve como um roteiro para o aperfeiçoamento dos pontos fracos e valorização dos pontos fortes. São inúmeras as formas possíveis de se auto-avaliar mas, o mais importante, é a objetividade da análise.

A seguir, apresento uma relação de questões que visam suscitar uma reflexão a respeito do desempenho e atuação profissional do coordenador de recreação e que pode auxiliar no processo de auto-avaliação.

1. Como eu vejo minha atuação no decorrer do trabalho?
2. Qual o conceito que eu construo dos profissionais de recreação que fazem parte da minha equipe?
3. Se houver, qual o conceito que eu construo do meu superior?
4. Se houver, qual conceito construo dos outros coordenadores?
5. Eu tenho condições reais de desenvolver minhas funções atuais?
6. Eu tenho motivação, energia e disposição suficientes para isso?
7. Dentre as funções que desenvolvo, qual a variável em que sou mais forte?
8. Eu tenho as aptidões, pré-requisitos e vocação desenvolvidos para levar a cabo minhas funções mais importantes?
9. A que variáveis eu devo estar atento para não ser pego de surpresa numa situação que me será mais difícil?
10. Quanto eu acredito nas três variáveis que respondem pela minha carreira?
    - Eu mesmo;
    - Minha equipe de trabalho;

- O sucesso da empresa ou local onde se desenvolve o seu trabalho perante outros do mesmo ramo.

O coordenador de uma equipe de recreação, conhecendo suas áreas de maior "brilho" e suas áreas de "sombras", tem maior sucesso no comando da mesma.

VI

Hiato entre a Prática e a Teoria

A o escrever este livro, não tive a intenção apenas de discorrer sobre o assunto. Na parte final, enumerei sugestões de atividades recreativas que podem ser trabalhadas em festas e eventos. Minha intenção é que este livro seja utilizado como referência e instrumento de trabalho.

As classificações descritas nos próximos capítulos são elaboradas a partir da união entre a teoria existente, com minha experiência prática no setor. Por isso, o nome dado ao capítulo é formado também pela palavra hiato, que representa a distância existente entre a teoria e a prática.

No trabalho com recreação é comum encontrar profissionais com uma experiência prática significativa e pouco conhecimento teórico sobre a área que atuam, ou, então, o contrário, encontrar profissionais que possuem um bom conhecimento teórico e pouco prático, ou seja, pouca experiência profissional.

Acredito, após estes anos de trabalho com recreação, que o ideal é encadeamento entre a teoria e a prática. É necessário que o profissional de recreação adquira conhecimento teórico para uma melhor absorção e desenvolvimento do conhecimento prático.

Um profissional de recreação que depende de um repertório de atividades recreativas para realizar o seu trabalho, torna-se um profissional limitado. É preciso estimular a criação, o inventar e o adaptar, ações que a teoria ajuda a desenvolver.

É importante perceber também que o profissional de recreação deve aprender sempre, auto-estimular-se, a partir da necessidade de compreender as opções de atividades a serem trabalhadas.

Profissionais de recreação que aprendem a criar, a inovar, abrem portas até então fechadas e descobrem novos jeitos de solucionar possíveis problemas. A questão não é apresentar uma solução já existente, mas ser capaz de aprender maneiras novas de elaborar e desenvolver opções de atividades recreativas, por exemplo.

Infelizmente, meu caro leitor, o erro é parte do processo de aprendizado. O defeito ou o erro, na atividade recreativa, é o que faz o profissional de recreação pensar. O que não é problematizado, não é pensado. O profissional não percebe que uma atividade recreativa pode dar errado até o momento em que isso acontece, frustrando tanto participantes como a ele próprio.

Se uma atividade recreativa qualquer que programei, não tivesse dado errado, teria continuado a programação normalmente, sem sequer pensar que a atividade que deu errado precisava sofrer algumas adaptações para o seu sucesso.

Se o profissional de recreação não é capaz de simular e formular possíveis problemas durante o planejamento de uma atividade recreativa, ele não é capaz de criar ou inventar novas adaptações e soluções para superar estes problemas. Normalmente, as soluções prontas não são suficientes para solucionar os problemas, já que não são formuladas e compreendidas por eles próprios.

O profissional sabe que a atividade recreativa é construída idealmente na imaginação, criando uma simulação do real. Isto explica a função do pensamento: ele pode simular o real, prever as coisas antes que elas aconteçam. Fazer isto é fundamental para a elaboração de um planejamento correto.

Nesse modelo ideal de atividade recreativa que o profissional elabora não há defeitos ou erros. Estes aparecem na prática, quando acontece algo na realidade não previsto no plano idealizado. Isto significa que só é possível resolver o problema sendo capaz de reconstruir, replanejar o plano da atividade recreativa. A partir desse modelo, é possível inspecionar, mentalmente, os problemas no funcionamento da atividade.

A distância que separa o bom profissional de recreação dos outros profissionais é medida também pela capacidade de adaptação. Estimulando esta criatividade para as adaptações, as atividades estão sempre em transformação e o que é mais importante: o profissional prevê quando a ocorrência de algum problema ou erro na atividade recreativa ocorrerá, evitando, desta forma, uma frustração.

Para facilitar este processo, o profissional de recreação pode até utilizar uma ordem, a qual permite que se façam previsões e então que se solucione problemas. Então, o que parece simples, complica-se novamente, pois surge outro problema. Qual ordem utilizar? O profissional deve pressupor a ordem que lhe parece mais eficaz. Sem essa definição, ele nem pode começar o planejamento da atividade recreativa.

Encontrar a solução de um problema durante uma atividade recreativa significa descobrir uma alternativa que leva o profissional de recreação a obter o sucesso naquela atividade. Imagine que o profissional não saiba como será o fim da atividade recreativa. Como, então, obterá sucesso? Será que ele não pode e deve construí-la, pela imaginação? O fato de pensar no fim da atividade, faz, muito provavelmente, pensar no que está faltando.

O profissional de recreação, para estimular sua criatividade, precisa entender que a informação é o melhor "fertilizante" para as idéias. É importante que o profissional em fase de formação trabalhe com diferentes profissionais e também em diferentes campos de atuação. Este acúmulo de informações é essencial no futuro para a criação de novos projetos e programas de recreação, capazes de trazer inovação em um mercado que é tão carente.

A criatividade que o profissional de recreação desenvolve para este tipo de trabalho está diretamente ligada ao conhecimento. Por isso, cada vez mais o profissional necessita estudar, pesquisar, trocar informações com outros colegas profissionais, pois assim, as idéias aparecem naturalmente. Com a informação evitam-se problemas. Uma mente estimulada não pára de criar nunca.

Assim, é recomendável que o profissional de recreação tenha sempre à mão um caderno de anotações para não perder ótimas idéias, que podem aparecer fora de hora. Além disso, o próprio registro facilita o surgimento de mais e mais idéias. E, mais do que isso, criar não cansa e pode ser bastante divertido.

A criatividade é desenvolvida e aprimorada pela aquisição de conhecimentos, nos quais a busca é mais enriquecedora se for realizada de forma multidisciplinar, somando conhecimentos de diferentes áreas, assim formatando e idealizando a programação das atividades recreativas de forma criativa, diversificada e original.

Rubem Alves em seu livro: *Concerto para o corpo e alma* (1998), apresenta uma crônica denominada "Sabedoria

Bovina" (ALVES, 1998) da qual extrai a seguinte passagem que muito contribui para o entendimento da idéia:

"As idéias são de dois tipos. As do primeiro tipo são aves que se apanham nas arapucas a que a ciência dá o nome de método. Quem arma uma arapuca metodológica está à procura de algo. Se procuro algo eu devo saber, de antemão, como ele deve ser. Caso contrário, eu não serei capaz de reconhecê-lo, na eventualidade de encontrá-lo. Nas arapucas metodológicas da ciência não caem aves desconhecidas. Essas aves, antes de serem apanhadas, já eram imaginadas. A imaginação do jeito da ave a ser capturada na arapuca metodológica tem o nome de hipótese.

As do segundo tipo são aves que não se apanham com arapucas. Na verdade, elas não podem ser apanhadas. Elas simplesmente vêm, e pousam no ombro. Picasso dizia que ele não procurava. Ele simplesmente encontrava. Isto é: ele não saía à busca de algo. Ele ia andando e a ``coisa``, não pensada, aparecia de repente à sua frente. Essas são as idéias inovadoras, que abrem cenários novos. Não há métodos para apanhá-los, pelo simples fato de que elas nos são desconhecidas. O seu aparecimento acontece sempre com uma surpresa. Razão por que Nietzsche dizia que o seu aparecimento é sempre acompanhado do riso''.
(ALVES, 1998, pp. 149-150)

É essencial que o profissional de recreação esteja consciente dos possíveis problemas e imprevistos que podem ocorrer durante a realização das atividades recreativas em festas e eventos. Provavelmente estes estão relacionados aos seguintes fatores: espaço, localização, acesso, público, duração, recursos humanos e recursos materiais.

Espaço

Um dos problemas freqüentes encontrados pelos profissionais de recreação é a falta de espaço para a realização das atividades recreativas. Esta dificuldade é muito comum quando as festas ou os eventos são realizados em casas e prédios residenciais com pouca área externa ou buffets infantis e casas de festas com muitos equipamentos de lazer.

Na tentativa de solucionar este problema, o profissional precisa ser criativo e possuir um amplo repertório de atividades recreativas, capazes de serem realizadas em diferentes tipos de espaços.

Outra solução viável é chegar cedo ao local da festa ou evento e conhecer o espaço disponível para a realização das atividades recreativas e adaptar sua programação para aquele determinado tipo de espaço.

Localização

Outro fator relevante é o endereço do local onde será realizado a festa ou o evento. Em muitos casos, o profissional de recreação não conhece as proximidades do endereço, o bairro, a cidade, ou a região. Para evitar atrasos e maiores complicações é importante que o profissional procure o endereço em guias, plantas, sites na internet, peça ajuda a amigos ou parentes, para que suas dúvidas sejam esclarecidas e não tenha problema em chegar ao local.

Acesso

Quando o profissional de recreação não tem condução própria e utiliza transporte coletivo, é necessário conhecer formas de deslocamento e caminhos alternativos, caso ocorram imprevistos, como greves, chuvas ou congestionamentos. Vale ressaltar que mesmo conhecendo bem o endereço do local da festa ou evento é importante sair com um tempo de antecedência, já que situações inesperadas são freqüentes.

Mesmo com estes artifícios, o profissional de recreação ainda encontra dificuldades. É recomendável que solicite um mapa com pontos de referências para o responsável da festa ou do evento. Peça que descreva por extenso também o trajeto, se possível. E que este mapa contenha números de telefones para possíveis contatos.

Público

Em festas e outros eventos é muito comum o profissional de recreação trabalhar com diferentes faixas etárias ao mesmo tempo.

Imagine uma festa de aniversário de um garoto que completa seis anos.

Como convidados, provavelmente, não aparecem somente crianças de seis anos... O vizinho de oito anos está presente. O primo de quatro anos e o irmão de cinco anos do amigo de sete anos também. Por isso, muitas vezes, a aplicação das atividades recreativas se torna difícil, já que o profissional precisa respeitar as características de cada idade e, ao mesmo tempo, propor opções de atividades para todos os participantes.

Na tentativa de solucionar este tipo de problema, o profissional de recreação deve propor diferentes atividades recreativas, em determinados momentos respeitando as características de determinadas faixas etárias e, em outros, respeitando as características das faixas etárias restantes. Para isso, para realizar esta variação, é essencial que o profissional de recreação conheça um repertório de atividades capazes de atender às características de diferentes faixas etárias.

A variação das atividades recreativas permite também que se atenda à diferenças individuais existentes nos grupos. Enquanto uns se entretêm com atividades físicas ou motoras, outros se entretêm participando de atividades mais calmas, outros, ainda, realizando atividades individuais ou coletivas, como esportes.

A diversidade de atividades é também um diferencial na hora de convencer alguém sobre as qualidades e diferenciais de sua proposta. Assim sendo, esta diversidade se torna um chamariz para a apresentação, indicando a modernidade ou atualização na elaboração de suas programações de lazer e recreação.

Duração

Saber a duração de tempo do evento ou da festa é essencial para que o profissional de recreação planeje e execute sua programação de atividades recreativas. Conhecendo a quantidade de horas é possível dividir e estipular a quantidade de minutos que cada atividade pode ocupar dentro da programação geral.

Este cálculo é importante para que o profissional não deixe de realizar alguma atividade programada por falta de tempo. E que também consiga coincidir sua programação com outras programações paralelas que acontecem na festa ou no evento.

Recursos Humanos

Considero como recursos humanos aquelas pessoas, aqueles profissionais, que prestam os serviços de recreação durante a festa ou o evento. Segundo Chiavenato em seu livro: *Gerenciando Pessoas* (CHIAVENATO, 2003):

''A era da informação está tornando o trabalho cada vez menos físico e muscular e cada vez mais cerebral e mental. A atividade humana está deixando de ser repetitiva e imitativa para ser cada vez mais criativa e inovadora. As pessoas deixaram de ser apenas fornecedores de mão-de-obra para serem alçadas à categoria de fornecedoras de conhecimento e competências. As pessoas, hoje, atuam como parceiros e colaboradores – e não como empregados burocratas submetidos a um contrato formal de trabalho – da organização. Cada pessoa é uma cabeça, uma inteligência a serviço da organização e não um simples conjunto de músculos e habilidades físicas. (...) Hoje, as diferenças individuais estão sendo realçadas e incentivadas, os talentos estão sendo procurados com sofreguidão e as competências pessoais estão sendo aprimoradas para garantir a competitividade organizacional. A Diversidade está em alta. As pessoas estão deixando de ser meros recursos produtivos para ser o capital humano da organização". *(CHIAVENATO, 2003, p. 2)*

Esta citação me ajuda a perceber que o diferencial da recreação não são os brindes que muitos profissionais ofertam ao final da atividade, ou então os materiais recreativos mais sofisticados utilizados no decorrer de uma programação recreativa. O diferencial é o capital humano, são os profissionais, as equipes. Afinal, brindes e materiais são copiados, pessoas não. Para que realmente este diferencial seja positivo, os profissionais precisam estar bem qualificados e capacitados. Precisam assumir uma postura profissional e desempenhar suas funções de forma correta.

Recursos Materiais

Ao fazer a programação das atividades para uma festa ou um evento, o profissional de recreação deve relacionar os materiais recreativos que vai utilizar para a realização da atividade. E antes de sair para o trabalho, deve verificar se realmente todos os materiais recreativos estão completos e prontos para o uso.

Deve priorizar atividades recreativas cujos materiais são facilmente encontrados, economizando assim tempo e dinheiro. É importante que não deixe para adquirir estes materiais num prazo de tempo muito próximo à festa ou ao evento. Os imprevistos existem e deve-se contar com uma margem segura de tempo para substituir materiais ou até mesmo, se necessário, a atividade.

O profissional de recreação precisa saber utilizar como recurso material aquilo que se encontra em seu cotidiano e que esteja próximo. Para profissionais que desenvolvem suas atividades sempre em locais diferentes, recomenda-se que utilizem materiais recreativos de qualidade inferior, já que a possibilidade de perda e estrago do material é maior. Para aqueles que desenvolvem suas programações recreativas sempre no mesmo local, os materiais recreativos podem ser de melhor qualidade.

VII

Criação e Organização de uma Programação Recreativa

Ao longo destes anos trabalhando com recreação, deparei-me com muitos profissionais de recreação reclamando da rapidez com que os participantes dispersam a atenção durante as atividades recreativas. Muitos profissionais encontram certas dificuldades no processo de criação e aplicação de atividades recreativas que sejam atrativas para o seu público-alvo.

A partir desta constatação, e após pensar sobre o assunto, levantei a seguinte reflexão: as pessoas não dispersam a atenção rápido demais. Na verdade, acredito que aprenderam a "dividir" sua atenção. Vivemos em um tempo multimídia. As informações chegam de todos os lados. Da *internet*, da televisão, do rádio, do telefone, da mídia impressa e etc. Está cada vez mais difícil atrair e manter a atenção de alguém por mais que cinco minutos.

Com o passar do tempo, as pessoas desenvolvem a capacidade de prestar atenção em diferentes temas ao mesmo tempo. Este fenômeno, hoje em dia, é muito recorrente nas crianças e adolescentes. Ao mesmo tempo em que participam de um *"chat"* com amigos na *internet*, ouvem rádio, assistem à televisão e conversam ao telefone.

Agora... Tente imaginar um profissional que precisa, ao mesmo tempo, oferecer opções diferentes de entretenimento e que, se possível, facilite a integração e a convivência entre os participantes, através de uma programação de atividades recreativas.

Então... Imaginou? É realmente muito difícil. Os profissionais de recreação, em muitos momentos, precisam competir com equipamentos eletrônicos de última geração, espaços de lazer gigantescos e brinquedos tradicionais como bolas de futebol que, no Brasil, são mais sedutoras que um *video game*.

Bem... Mas nem tudo está perdido, caro leitor! Na tentativa de superar este dilema, recorri à ajuda de um teórico importante, que estudou por muitos anos o significado do lúdico na vida das pessoas e, conciliando a teoria com a prática, desenvolvi uma técnica muito eficiente no processo de criação de atividades recreativas.

Segundo o sociólogo francês *Roger Caillois* (1913 - 1979) ao refletir sobre o jogo, quatro categorias (ou impulsões primárias) do lúdico são abordadas, que posso entender também como as quatro grandes motivações para toda e qualquer diversão: a aventura, a competição, a vertigem e a fantasia. (Cf. CAILLOIS)

Partindo deste pressuposto, levanto a seguinte questão: O profissional de recreação que desenvolve sua programação, atendendo estas quatro categorias, consegue atender também às necessidades de diversão e ludicidade dos participantes e, ao mesmo tempo, desenvolver uma programação mais atrativa para o seu público-alvo?

Segundo Camargo (1998):

> "*A aventura é igual à descoberta, à revelação de um mistério. Aventura também é igual à novidade.* "Algo de novo". (CAMARGO, 1998, p. 34)

Relacionando este conceito a atuação do profissional de recreação no processo da criação de um programa recreativo para um evento ou festa, acredito que se possa desenvolver a aventura como fator atrativo no momento da inovação, da novidade, algo que surpreenda o público-alvo, desenvolvendo a sensibilidade de recuperar a atenção dispersa dos participantes com uma novidade qualquer.

O profissional de recreação abusa de sua criatividade, apresentando inovações nos jogos ou brincadeiras, como, por exemplo, uma nova forma de pular, de correr, de realizar um desafio, ou até mesmo uma nova forma de cantar e dançar uma música.

O profissional deve se lembrar sempre de adequar o programa recreativo às características do seu público-alvo, não realizando atividades que desmotivem o grupo. A paciência é fundamental porque nem sempre a curiosidade despertada em alguns é a curiosidade de todos.

Segundo Camargo:

> *"A competição é outra motivação lúdica importante. Competição não significa necessariamente disputa com o outro. Pode ser uma disputa consigo mesmo: ser melhor do que da última vez". (CAMARGO, 1998, p. 36)*

Esta é uma conceituação que permite desdobramentos. Ao relacioná-las com minha área de atuação, confesso sentir dificuldades ao lembrar de alguma atividade recreativa que, de certa forma, não trabalhe com nenhum tipo de competição. Até mesmo os jogos e as brincadeiras cooperativas possuem competição, quando o profissional propõe algum tipo de desafio aos participantes, não deixa de propor uma competição entre o próprio e os participantes da atividade.

Com o decorrer dos anos trabalhando com recreação, aprendi que, na prática, deve-se trabalhar nas duas fronteiras: competição e cooperação, permitindo o intercâmbio de características, de maneira que desenvolva, em algumas ocasiões, competições cooperativas e, em outros, cooperações competitivas.

Das categorias do lúdico, acredito que a competição é que esteja mais presente no cotidiano do profissional de recreação. Portanto, recomendo apenas que se utilize a competição com muita disciplina e controle, para que nunca seja estopim do surgimento de conflitos dentro do grupo. Se isso acontece, o profissional não conseguirá atingir um dos objetivos principais da recreação, que é estimular e facilitar a integração e convivência entre os participantes.

Segundo Camargo:

> *"A terceira motivação é a vertigem. O escorregador, o tobogã, a montanha-russa são os exemplos mais concretos dessa motivação. Há também formas virtuais — os vídeo games e os cinemas 180 graus. A vertigem lúdica é a grande motivação dos dias atuais. O avanço dos esportes radicais, o sucesso das salas de cinema com cadeiras que se movimentam sincronicamente com imagens em ritmo frenético e a fascinação pela velocidade".* (CAMARGO, 1998, p. 37)

Outra forma de definir vertigem é a sensação da perda de controle do corpo, porém em segurança, exercitar a capacidade de se deixar levar. Relacionando este conceito com a área de atuação do profissional, já que como discutido antes, é a grande motivação dos dias atuais, então por que não incorporar e criar atividades recreativas capazes de provocar no participante a vertigem?

Como sugestão, o profissional pode adaptar esportes radicais, ou utilizar, como instrumento, *vídeo games*. Mas também recorrer àquela tradicional brincadeira do "João bobo", na qual um participante, de olhos vendados, é jogado de um lado ao outro por outros dois participantes. Este que está no centro, não tem o controle sobre o seu corpo, porém, sabe que os outros seguram-no e, assim, não sofrendo nenhum tipo de dano.

Outra forma de propiciar a sensação de vertigem é vendar os olhos dos participantes e pedir que percorram um determinado caminho. Durante este percurso, encontram obstáculos. Como não enxergam, perdem a sensação do controle sobre o corpo, porém, sempre em segurança.

Vale ressaltar que a vertigem é uma categoria do lúdico muito importante e pode ser trabalhada em atividades recreativas. Porém, antes de propor qualquer atividade, priorize sempre a segurança dos participantes. Não se esqueça: é melhor prevenir à remediar.

Por fim, a última categoria do lúdico, a fantasia. Camargo a define como:

"O desejo de ser diferente, de ser outro, de estar em lugares diversos. A expressão mais forte e espontânea da fantasia é o devaneio". (CAMARGO, 1998, p. 38)

Acredito que esta categoria pode ser muito bem explorada pelo profissional de recreação, principalmente aquele que trabalha em festas e eventos, pois há uma área promissora que surge no setor: a recreação temática. Ela é, assim como outras, a criação e organização de uma programação completa de recreação, porém, totalmente monotemática.

Imagine... O profissional que foi contratado para desenvolver atividades durante uma festa de aniversário, conhecendo previamente o tema da decoração. Este profissional pode criar uma programação de atividades recreativas temáticas, tornando-a personalizada, diferenciando-se dos demais que não desenvolvem este mecanismo.

Esta tematização adquire formas variadas. Por exemplo: imagine que o tema da festa são os bichos da floresta. O profissional pode se utilizar da tradicional brincadeira do morto vivo, pedindo aos participantes que, quando ouvirem "rato" devem se abaixar e quando ouvirem "girafa" devem ficar em pé. Este é um exemplo de brincadeira simples e tematizada.

Acredito que o profissional de recreação que, no dia-a-dia de seu trabalho, utilize o conhecimento sobre as categorias do lúdico no processo de criação de suas atividades tem grande futuro. O profissional pode elaborar uma atividade que atenda a diferentes motivações e interesses, fato que, muitas vezes, um espaço ou equipamento de lazer não permite.

Voltando à nossa questão inicial... Não posso terminar esta reflexão sem uma tentativa de resposta à mesma: o profissional de recreação que desenvolve sua programação recreativa, tendo como meta atender estas quatro categorias, consegue atender às necessidades de diversão dos participantes?

Minha resposta é a seguinte: acredito que nenhum profissional pode afirmar com convicção se satisfaz ou não as expectativas dos participantes ou clientes.

Mas, o profissional de recreação é responsável por oferecer diferentes opções de entretenimento, as quais, estas sim, são essenciais para a satisfação dos participantes.

Marcellino, em livro organizado pelo próprio, denominado: *Repertório de Atividades de Recreação e Lazer* (MARCELLINO, 2002), afirma:

> *''Cada vez mais precisamos do lazer que leve à ''convivencialidade'', mesmo que fruído individualmente, ainda que isso possa parecer paradoxal, e para isso a postura do animador é fundamental. Convites à convivência significam, do nosso ponto de vista, minimizar os riscos da exacerbação dos próprios componentes do jogo: a competição que não leve à violência e à introjeção de comportamentos sociais de exclusão; a vertigem que não leve ao risco não calculado de vida; a imitação que não promova o fazer de conta imobilizante da pior fantasia; sorte/ azar que não provoque alheamento. Isso não significa negação, ou, o que é pior, ''camuflagem'', de qualquer um desses componentes, como está ocorrendo, às vezes de modo extremamente ''fechado'', ultimamente, com a questão da competição''.* (MARCELLINO, 2002, pp. 11-12)

E para a outra questão: E ao mesmo tempo desenvolver uma programação mais motivante para os participantes?

Sim, acredito que se o profissional de recreação considerar estas quatro categorias do lúdico e adequá-las, adaptá-las à sua programação de recreação, com certeza obterá maior probabilidade de sucesso. Então, "mãos à obra".

VIII

Opções de Entretenimento

C omo afirmei, a função principal do profissional de recreação é oferecer opções de entretenimento para o seu público. Entendo como entretenimento aquilo que pode entreter alguém ou um grupo de pessoas.

Neste capítulo, conceituo e discuto os tipos de entretenimento existentes e utilizados em programações recreativas.

São eles: entretenimento contemplativo, entretenimento interativo e o entretenimento participativo.

A classificação que apresento a seguir, desenvolvi com base em minha vivência profissional e observação ao longo dos anos, porém, como toda classificação, é bastante relativa (Cf. CAMARGO, 1998, p. 34). Serve como escala para se atingir um novo patamar de conhecimento. Uma vez atingido esse estágio, a escala utilizada tem sua importância reduzida.

Entretenimento Contemplativo

O entretenimento contemplativo é aquele no qual o público contempla uma ou mais opções de atividades, tendo a escolha de participar ou não, sem a necessidade da presença de um profissional que oriente ou dirija as atividades.

Segundo Marcellino:

"Há necessidades de momentos de não atividade, de contemplação, de ócio. E cabe aos profissionais o discernimento

para entender a perspectiva do freqüentador de determinado equipamento, e não acabar "forçando a barra", para um "ativismo" que pode até negar os valores do próprio lazer. Nosso papel é contribuir para que o "clima" do equipamento seja o mais adequado em termos de estrutura, de condições de uso e de convivência, e não, como muitas vezes ocorre, o de "iniciadores" da ação, pela ação, simplesmente para manter as pessoas "ocupadas". Lazer sim, mas não as práticas compulsivas ou compulsórias". (MARCELLINO, 2002, p. 13)

O autor afirma que é preciso respeitar momentos de não atividade, de ócio. Mas é importante que fique bem claro que o profissional de recreação não é quem escolhe se o momento é para contemplação ou ócio. Quem faz esta escolha é o participante.

Oferecendo uma opção de entretenimento contemplativo, o profissional dá a oportunidade de escolha para o participante, já que a opção está ali. Cabe a ele decidir se participa ou não.

Apresento agora um exemplo prático de opção de entretenimento contemplativo. Imagine um buffet infantil ou até mesmo um salão de festas, onde o convidado chega e depara-se com alguns símbolos colados em um cartaz numa parede, como o quadro a seguir:

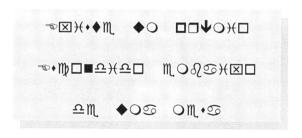

O convidado, ao se deparar com estes símbolos, a princípio, não entende nada, mas imagina que aquele conjunto de símbolos tem um significado e que, quando decodificados, signifiquem alguma coisa. Na verdade, os convidados estão certos. Os símbolos traduzem um enigma que, ao ser decifrado, conduz o participante a um determinado lugar, onde encontra um prêmio.

Bem... O leitor está se perguntando como os convidados decifram o enigma, já que não possuem nenhum tipo de legenda que decodifique este código?

A resposta é simples... O profissional de recreação, previamente, cola pelo local da festa ou evento, as dicas que decodificam os símbolos utilizados no enigma. Por exemplo, o profissional cola um cartão na porta do banheiro, trazendo a mensagem:

O convidado que se depara com aquela mensagem conclui que o símbolo "mão" representa a letra "E". Logo, o remete a voltar no cartaz inicial. A partir daí continua andando pelo espaço, observando outros cartões com outras mensagens, e então decodifica os outros símbolos até decifrar o enigma completo.

O enigma proposto foi:

Existe um prêmio escondido embaixo de uma mesa

Este é um exemplo de atividade, uma opção de entretenimento contemplativo, no qual o convidado pode escolher se participa ou não, sem a presença de um profissional de recreação para convidá-lo a participar ou orientá-lo. Noto que nesta opção de entretenimento, o convidado escolhe se participa da atividade ou não e se esta participação é individual ou coletiva.

Este tipo de entretenimento é ideal para ambientes nos quais existem poucos profissionais atuando no ambiente, e estes, ainda assim, assumem outras funções, sobrando pouco tempo para o desenvolvimento de atividades recreativas, realidade muito comum nos buffets infantis e casas de festas.

Entretenimento Interativo

Em uma opção de entretenimento interativo o convidado se entretém com uma ou mais opções de entretenimento ao mesmo tempo. Esta interação pode acontecer em um equipamento ou espaço de lazer qualquer, como um *playground*, um campo de futebol ou um *vídeo game*, ou até mesmo, esta interação pode acontecer com outros profissionais como mágicos, personagens e palhaços.

Agora, imagine um profissional de recreação contratado para desenvolver uma programação recreativa com os filhos de funcionários de uma empresa em uma festa de confraternização de fim de ano.

Durante a festa, o profissional encontra muita dificuldade em desenvolver qualquer atividade recreativa, porque seu público-alvo interage com os equipamentos de lazer oferecidos pelo local e, até o momento, não demonstram disposição para desenvolver as atividades recreativas propostas pelo profissional.

Em eventos voltados para o lazer e a diversão dos convidados, é comum encontrar outras opções de entretenimento que não integram o cotidiano dos convidados. Neste caso, o profissional de recreação que pretende diminuir esta dificuldade, pode seguir o antigo ditado popular: "Se não pode vencê-los, junte-se a eles".

Como fazer isso?

Simples... Desenvolva uma programação de atividades recreativas nos próprios equipamentos. Por exemplo: as crianças que jogam futebol e insistem em não aceitar as atividades propostas pelo profissional de recreação. Este deve interagir com seu público, afinal foi contratado para isso. Então, pode propor um futebol com regras alternativas, a organização de um torneio ou até mesmo interagir como um simples torcedor incentivando os jogadores e as equipes.

Esta técnica traz resultados positivos, porém, não acredito ser ideal para todos os momentos. Pode ser adaptada e a partir daí, com o profissional criando novas possibilidades de interação com seu público, não necessariamente ligadas a uma atividade física, mas também uma recreação na qual o profissional interage somente com um bate-papo.

Às vezes, um bate-papo, uma conversa, são excelentes momentos de interação entre o profissional e seu público. Esta interação, este primeiro contato, facilita a aceitação dos participantes para futuras propostas de atividades desenvolvidas no decorrer da festa ou evento.

Agora... Imagine outra situação na qual um profissional de recreação é contratado para desenvolver uma programação recreativa em uma festa de aniversário e, justamente o aniversariante, não participa de nenhuma atividade proposta porque se entretém jogando *video game*, um jogo novo que acabou de ganhar de presente.

O que fazer? Uma opção é deixar o aniversariante se entreter com o jogo eletrônico e desenvolver atividades com os outros que não estão jogando.

Uma outra opção é propor atividades ou desafios utilizando o próprio *video game*. Por exemplo: estimular o aniversariante a conquistar o objetivo do jogo em menos tempo, aumentando, assim, a dificuldade. Proponha novos desafios. Não deixe de tentar, pelo menos, uma interação com o aniversariante.

Entretenimento Participativo

No entretenimento participativo o profissional de recreação participa ativamente desta opção. Ele propõe, aplica e participa da atividade.

As classificações de entretenimento interativo e entretenimento participativo são semelhantes. A diferença principal é que no entretenimento interativo, o profissional de recreação estimula ou propõe uma atividade ou desafio visando uma interação maior com seu público-alvo, que está com sua atenção focada para outra opção de atividade. Já no entretenimento participativo, o profissional está em sintonia com seu público. Mantendo a atenção voltada para si, somente propõe, aplica e participa das atividades recreativas, como as brincadeiras e os jogos.

Recomendo aos profissionais de recreação e para suas equipes que desejam obter um diferencial e uma programação recreativa completa, que comecem a desenvolver atividades que agreguem os três tipos de entretenimento.

IX

**Novas
Tecnologias na
Recreação**

C onsidero de extrema importância desenvolver, neste livro, um capítulo que discuta uma forte tendência do mercado profissional que é a utilização das novas tecnologias nas programações recreativas.

Em pouco tempo, acredito não ser mais uma tendência, mas sim uma necessidade.

Novas tecnologias na recreação compreendem todas as possíveis opções de entretenimento que utilizam a informática e a moderna tecnologia como recurso ou instrumento para desenvolver, "incrementar" ou até mesmo inovar programações ou atividades recreativas.

Trata-se de espaços ou ambientes virtuais criados pela informática e pela telemática, que posso chamar de recursos, os quais o profissional de recreação utiliza no desenvolver de seus projetos e programações recreativas.

A oportunidade das pessoas entrarem em contato imediato com as mais novas e recentes opções de entretenimento pelos microcomputadores das residências, das escolas, das *"lan houses"*, dos escritórios, dos locais de trabalho, obrigam o profissional a incorporar entre as opções de recreação e entretenimento das pessoas, essas atividades.

Com o surgimento destes recursos, noto que as pessoas, cada vez mais, desenvolvem atitudes como a curiosidade para buscar coisas novas e criatividade para aprender a se comunicar de forma diferente. Com isso, afirmo que um novo campo de atuação abre-se ao profissional de recreação, sendo este muito rico e está em fase de expansão.

O profissional de recreação, ao incorporar esta tecnologia em suas programações, busca inovações. Porém, na medida do possível, focando de que modo aquele recurso tecnológico pode ser um facilitador no processo de integração e convivência entre as pessoas.

Internet para diversão, *e-mails*, fórum, *chat*, *sites*, *video*, teleconferências, *palm tops*, telefones celulares, rádios estilo *"walk-talkie"*, as câmeras de *vídeo* e as câmeras fotográficas digitais e até mesmo os *"chips"* localizadores GPS, são alguns dos novos recursos que os profissionais de recreação podem utilizar em seus projetos e suas programações recreativas.

Segundo Chiavenato, um teórico renomado na área de Gestão de negócios:

"No passado, conhecer tecnologia significava saber como operar máquinas para fazer o trabalho ou como lidar com computadores para processar textos ou análises financeiras. Hoje, a ênfase está em usar o equipamento de informação para conectar-se com os membros da equipe ao redor do mundo, além de realizar tarefas, comunicar-se com pessoas em todo o mundo, compartilhando idéias e melhorias nos processos de trabalho. O conhecimento tecnológico está a serviço da equipe e não do indivíduo isolado". (CHIAVENATO, 2003, pp. 8-9)

Esta realidade se relaciona ao mundo dos negócios, mas, o profissional de recreação, deve entender que o seu negócio é a diversão, o lazer de seu cliente. Então, esta afirmação justifica o fato do profissional de recreação acompanhar esta tendência mundial. Se a tendência é a utilização das novas tecnologias nos negócios, é preciso trazer as novas tecnologias para o seu negócio.

Os profissionais de recreação e entretenimento que almejam um diferencial no futuro, aprendem a trabalhar com diferentes mídias. A *Disney*, por exemplo, comercializa produtos multimídia por mais de sessenta anos, com operações que incluem filmes, televisão, produções teatrais, parques temáticos, livros, revistas, brinquedos, linhas de navegação de cruzeiros e relógios com a grife "Mickey Mouse".

Segundo Wison Dizard Jr., em *A Nova Mídia* (DIZARD JR, 2000):

"As mídias clássicas e as novas tecnologias compartilham cada vez mais de um recurso: um caminho comum para fornecer uma variedade de serviços". (DIZARD JR., 2000, p. 53).

Uma variedade de serviços favorece também a criação de novas opções de entretenimento para as pessoas. Cabe ao profissional se informar destes avanços para que, então, possa utilizar estes recursos como opção.

Imagine um caça tesouro onde todas as pistas e enigmas do jogo são passados aos participantes somente por mensagens de texto ou de voz, via telefone celular, ou então, as pistas e enigmas do jogo são passados via youtube, através de vídeos postados na internet. As pistas podem ser fotos dos locais estratégicos do jogo tiradas poucos minutos antes do início da atividade. Inserindo recursos como estes, o profissional de recreação abre um campo de possibilidades de inovações.

Cada dia que passa, estes recursos tecnológicos tornam-se mais acessíveis e a necessidade de variar as atividades recreativas é um elemento consistente e motivador para a participação das pessoas. A variação das atividades favorece também o desenvolvimento de diversas facetas dos participantes e atende diferentes tipos de interesses.

O profissional de recreação que sabe trabalhar com as novas tecnologias abre um excelente leque de opções, já que grandes empresas utilizam como nova estratégia combinar informação com entretenimento. E ninguém melhor que um profissional de recreação para criar e desenvolver estas alternativas.

X

Tipos de Ambientes

Nesta parte do livro, descrevo três tipos de ambientes em que o profissional de recreação pode desenvolver o seu trabalho. Classifico como ambientes e não espaços porque agrego nesta classificação também a oferta de serviços.

Ambientes Livres

Considero como ambientes livres todos aqueles que o profissional de recreação tenha contato visual e presencial com os participantes, porém, caracteriza-se por ser livre, sem a presença de outros equipamentos e/ou serviços e também opções de entretenimento que atraiam ou dividam a atenção dos participantes da atividade recreativa que o profissional propõe.

Áreas livres como um pátio, um campo aberto, uma quadra de esportes ou até mesmo um salão vazio são exemplos de ambientes livres. Estes ambientes são ótimos para atividades que têm como objetivo iniciar ou aquecer um grupo para uma programação recreativa que trabalha a movimentação e o desgaste físico dos participantes.

Ambientes Compostos

Considero como ambientes compostos todos aqueles que o profissional de recreação tem contato visual e presencial com os participantes da atividade, porém, este ambiente se caracteriza por reunir diferentes equipamentos e/ou serviços de lazer e/ou opções de entretenimento, atraindo ou dividindo a atenção dos possíveis participantes da atividade recreativa que é proposta ou desenvolvida.

Os buffets infantis e casas de festas se encaixam neste tipo de ambiente, porque reúnem desde *video games*, brinquedos no estilo *playground*, brinquedos no estilo parque de diversões e outros profissionais que desenvolvem algum tipo de animação, como *show* de mágica ou de palhaço.

Hoje, tem-se por certo, quando tratamos de recreação em festas e eventos, que esta é a realidade do profissional de recreação. É comum os organizadores de festas e eventos, visando satisfazer as necessidades e desejos dos clientes, oferecerem muitas opções de entretenimento simultaneamente.

Por isso, cada vez mais, o fator "inovação" é um diferencial essencial para o profissional de recreação atuante no setor de festas e eventos. Trata-se de uma situação real, que exige conhecimentos do profissional, tanto práticos como teóricos, buscando sempre soluções para os problemas.

Ambientes Tecno - Virtuais

Considero como ambientes tecno-virtuais todos aqueles que se baseiam fundamentalmente no uso da tecnologia, do computador e da informática. Isto inclui *internet,* telefones celulares, *palm tops*, televisão, rádio, *video games*, *CD-ROM*, *sites*, ferramentas como o *chat*, *icq*, *messenger*, *vídeos*, *DVD*, correio eletrônico e de outros recursos e linguagens digitais que, atualmente, são utilizados como opção de lazer e entretenimento.

Tecnologia esta que é utilizada como opção de lazer e que, conseqüentemente, intermedia o profissional de recreação e seu público-alvo em locais físicos distantes. Estes recursos exploram o uso de imagem, som, movimento simultâneo, a máxima velocidade no atendimento às nossas demandas e o trabalho com as informações dos acontecimentos em tempo real, opções de lazer e entretenimento que já estão acessíveis principalmente nas grandes cidades.

Num futuro próximo, com o avanço da televisão digital, será possível uma interatividade maior entre públicos que estão em locais diferentes e que poderão participar, em tempo real, da mesma programação de recreação de uma festa ou evento. Esta participação acontecerá em forma de diálogo, de jogos, brincadeiras, gincanas, entrevistas etc. O profissional de recreação continuará estimulando a integração e a convivência, porém, também à distância.

Deste modo, *web-designers*, produtores, apresentadores de televisão, radialistas, profissionais que desenvolvem *sites* ou programas voltados para o entretenimento são considerados também como profissionais de recreação. Valorizar esta tecnologia e estes profissionais significa abrir mais um campo de atuação promissor que se abre para o profissional de recreação.

É verdade que muitas opções de entretenimento encontradas nos meios de comunicação não têm o objetivo somente de divertir, de entreter e sim servir como instrumento para divulgação e fixação de marcas ou produtos. Em muitos casos, infelizmente quando a campanha publicitária se encerra, estas opções são descartadas, mesmo sabendo que atingiam o objetivo de divertir e entreter. Entretanto, se a idéia principal é interessante, cabe ao profissional de recreação adaptá-las em outras realidades.

XI

Atividades Práticas

O objetivo desta parte do livro é demonstrar ao leitor diferentes opções de atividades desenvolvidas durante uma festa ou evento. Primeiramente, descrevo atividades de integração e "quebra-gelo". Depois, atividades recreativas temáticas adaptadas a partir de atividades tradicionais.

Continuo este capítulo descrevendo alguns desafios socioculturais e, por fim, algumas alternativas de caça-tesouros.

Na descrição das atividades recreativas, não especifico faixas etárias, pois acredito que podem ser adaptadas a qualquer uma, desde que sejam respeitadas as características das idades. O profissional de recreação deve incentivar o seu público a participar, não colocando desafios muito fáceis ou muito difíceis, pois estes extremos dispersam os participantes das atividades propostas.

De forma geral, as atividades recreativas propostas são simples. Minha intenção é que estas não sejam seguidas exatamente como estão apresentadas, afinal, tratam-se apenas de sugestões. Espero que sirvam como "sementes" e que cada profissional utilize sua criatividade e capacidade de adaptação, podendo desenvolver outras diferentes e mais elaboradas.

Neste repertório de atividades, procuro trabalhar aquelas que não utilizam muitos recursos materiais. Acredito que cada profissional, conhecendo sua realidade de trabalho, pensará em seus limites e possibilidades.

Atividades de Integração e Quebra-gelo

Como o próprio nome traduz, as atividades de integração e quebra-gelo são aquelas que estimulam a integração e interação dos participantes de uma forma divertida. Estas atividades visam facilitar este processo e recebem também o nome de "quebra-gelo" porque, em muitos casos, rompem com a timidez, principalmente daqueles momentos iniciais, nos quais os participantes ainda não se conhecem.

São objetivos destas atividades:

- Colaborar para que membros de um grupo participem juntos de uma atividade recreativa durante um certo tempo e se conheçam em um clima descontraído.
- Preparar um grupo que, no início, mostre-se apático para um relacionamento mais "vivo", uma atividade recreativa mais dinâmica e, portanto, mais favorável à integração do grupo.
- Desenvolver a originalidade e a desinibição.
- "Quebrar" percepções aprioristicamente preconceituosas entre os participantes das atividades.

Justamente por facilitarem o processo de integração dos participantes, estas atividades recreativas são as primeiras a se realizar. É interessante que o profissional de recreação, durante estas atividades, utilize músicas animadas e alegres, podendo funcionar como ativadores emocionais.

A Dança do Jornal

Para a feitura desta atividade, o profissional de recreação necessita de folhas de jornal, um aparelho de som e músicas animadas de diferentes estilos. Caso o profissional opte por trabalhar com um material recreativo de melhor qualidade, o jornal pode ser substituído por bambolês ou pequenos tapetes.

Num primeiro momento, o profissional orienta todos os participantes a pegar uma folha de jornal e que se espalhem pelo local onde a atividade recreativa acontece, ficando todos em pé em cima desta folha. Depois disso, comunica aos participantes que, ao ouvirem a música, devem sair de cima da folha de jornal e dançar pelo espaço livre, até que cesse a música, quando todos devem imediatamente voltar às folhas.

Enquanto os participantes dançam, o profissional retira algumas folhas. Fazendo isso, alguns participantes acabam sem folha para pisar ao término da música. Estes, então, dividem uma folha de jornal com algum amigo. Neste momento, é importante que o profissional de recreação estimule a cooperação entre os participantes e sugira a eles que ninguém do grupo fique sem folha de jornal. Durante este momento, o profissional estimula que eles se conheçam, que façam um primeiro contato. Afinal, é uma atividade de integração.

Para tornar a atividade mais dinâmica, o profissional pode pedir que a cada inserção de música na atividade um dos participantes assuma o papel de "mestre". Os outros participantes terão que imitá-lo em seus gestos e movimentos. A atividade se torna mais divertida quando o mestre faz movimentos engraçados e estranhos e o restante do grupo é obrigado a imitar. A atividade continua até ficar apenas uma folha de jornal para todos os participantes da atividade ou enquanto houver motivação.

A Dança da "Paquera"

Para realização desta atividade o profissional de recreação necessita também de jornal velho, um aparelho de som e músicas animadas de diferentes estilos.

O profissional de recreação pede aos participantes que formem pares e pede a cada dupla que pegue uma folha de jornal e se posicione sobre ela. O profissional explica que quando a música iniciar, as duplas devem dançar em cima da folha de jornal os diferentes estilos musicais que serão colocados no decorrer da atividade. O profissional de recreação salienta que é expressamente proibido os participantes da atividade pisarem fora da folha de jornal durante a música.

A atividade inicia com uma música e os participantes dançando em cima da folha de jornal até que o profissional de recreação faz uma pausa na música e neste pequeno intervalo solicita às duplas que dobrem a folha de jornal pela metade. Após esta orientação troca-se o estilo musical e repete-se o processo.

Esta rotina segue até o momento em que o profissional note que as duplas não cabem mais na folha de jornal devido ao tamanho da mesma. Quando chegar este momento o profissional de recreação deve orientar os participantes para uma adaptação na atividade. Deve dizer para pegarem a folha dobrada, colocar em uma parte do corpo e então continuar a dança sem deixar a folha de jornal cair. Estas partes do corpo podem ser os joelhos, bumbum, rosto, testa, barriga, cintura e etc.

A atividade termina quando todos os pares deixam a folha de jornal cair ou enquanto houver motivação.

Segura o Pum

Esta é uma atividade que provoca muitos risos, tanto naqueles que participam, como naqueles que assistem-na. Não existe a necessidade de material recreativo auxiliar.

O profissional de recreação orienta o grupo sobre os efeitos de um sujeito que sofre com problemas de gases, na conquista de um novo amigo. Todos os presentes são os possíveis novos amigos. O profissional representa o primeiro sujeito que sofre com problemas de gases.

Para fazer sua conquista ele tem direito de se aproximar de qualquer pessoa do grupo, dando três puns caprichados da maneira que quiser, com a boca. A pessoa abordada deve se manter séria, enquanto todos os demais podem rir e torcer pelo sujeito com problemas de gases. Se a pessoa abordada rir, admite a conquista, passando então ela a ser o novo sujeito com problema de gases. A atividade prossegue enquanto houver motivação.

Para a atividade se tornar mais divertida e engraçada, o profissional de recreação deve estimular aos participantes que sejam muito criativos em suas representações.

Recreação Temática

Caro leitor... Você já notou que os serviços ou produtos presentes nas festas ou nos eventos sofrem um processo de tematização?

É muito comum, ao entrar em uma festa ou evento, me deparar com uma decoração repleta de detalhes que me remetem a pensar em um determinado tema escolhido para aquele acontecimento. Entre os produtos destacam-se os convites, brindes e até mesmo alguns tipos de alimentos, como doces temáticos em formas de animais ou objetos. Entre os serviços, destacam-se os profissionais que desenvolvem características e performances dos personagens daquele tema.

Bem... Parto do princípio que, se é possível tematizar tantos produtos e serviços, é possível também tematizar a recreação, ou seja, com criatividade, adaptação e inteligência, é possível trazer diferentes temas para dentro da atividade, tornando, assim, a atividade temática distinta das atividades tradicionais.

Segundo Camargo (1998):

"No Brasil, grande parte do tempo livre das pessoas é consumida dentro de casa, quase a metade é ocupada pelos chamados meios de comunicação de massa. Uma criança hoje passa mais tempo diante da televisão do que nos bancos da escola. Os programas de televisão e de rádio, os jornais, as revistas, os filmes no vídeo, o video game *são as principais demandas das pessoas para ocuparem essa parte do seu tempo livre e mesmo para usarem como pano de fundo para as refeições e as conversas".* (CAMARGO, 1998, p. 41)

Esta citação, de um importante teórico da recreação no Brasil, ajuda-nos a refletir e visualizar como, cada vez mais, tornam-se presentes, entre as pessoas, os modismos atuais divulgados pelos grandes meios de comunicação em massa.

Porém, cabe ao profissional de recreação utilizar a seu favor estes temas presentes no cotidiano de seu público-alvo. Por isso, é preciso que este profissional esteja em sintonia com as novidades nos meios de comunicação, principalmente os modismos.

O desenvolvimento de atividades recreativas temáticas é mais uma opção de entretenimento para os convidados de uma festa ou de um evento. A iniciativa de tematizar, ao mesmo tempo que diferencia o profissional, personaliza sua programação de atividades.

A seguir, levanto alguns exemplos de atividades recreativas temáticas.

A Batalha Final

Esta atividade temática apresenta os super-heróis e seus inimigos, excelente para festas ou eventos nos quais a temática principal escolhida para decoração são os super-heróis. Como material recreativo para a realização desta atividade, utilizam-se somente vendas para os olhos. A utilização de fantasias de super-heróis e de seus inimigos torna a atividade mais interessante e motivante.

O profissional de recreação pede aos participantes que formem um círculo de cerca de quatro metros de diâmetro num espaço vazio, coloque as vendas nos olhos de dois voluntários, deixando-os no meio do círculo. Peça a um deles que diga o nome de um super-herói com quem se identifique e peça a outra que diga o nome de um inimigo deste super-herói. Para facilitar o andamento da atividade, é interessante que o profissional de recreação tenha uma lista com a relação de alguns super-heróis e seus inimigos.

O profissional de recreação diz ao participante que representa o super-herói que seu objetivo é capturar o inimigo e dizer para o participante que representa o inimigo que seu objetivo é fugir do oponente. Se o super-herói ou o inimigo se aproximarem muito da margem do círculo, os outros participantes presentes no círculo lhe dão dois tapinhas. Estes tapinhas servem como aviso para os participantes dentro do círculo que estão saindo do limite do jogo.

Se o super-herói não se mostrar tão arrojado como poderia, fecha-se mais o círculo, de modo que ele e o inimigo fiquem mais próximos um do outro. Para variar a atividade, faça uma experiência com números diferentes de super-heróis e inimigos. Coloque pequenos objetos que emitam algum tipo de barulho em alguns dos participantes, forçando-os a modificar sua estratégia de caça ou para que não sejam capturados. A atividade pode continuar enquanto houver motivação.

A Liga da Justiça

O principal objetivo desta atividade temática é descobrir um parceiro entre a confusão e a correria dos super-heróis da liga da justiça. O profissional de recreação inicia contando o número de participantes. Depois deve fazer uma lista com nomes de super-heróis, cujo número deve ser a metade do número de participantes. Para a realização desta atividade, utiliza-se como material recreativo, pedaços de cartolina e canetas.

O profissional de recreação escreve o nome de cada super-herói numa ficha pequena de cartolina e, em um outro pedaço, escreve o nome de um parceiro que corresponde a este super-herói. Por exemplo: Batman e Robin, Super-homem e Super-cão. Ao terminar, deve haver tantas fichas em suas mãos quanto forem os participantes. Se o número de participantes for ímpar, o profissional escreve o nome de um dos super-heróis e dois parceiros correspondentes, formando uma trinca para incluir o participante extra.

O profissional de recreação deve embaralhar as fichas e distribuí-las. Cada participante deve ler sua ficha e se transformar no super-herói ou parceiro, cujo nome lá está escrito, guardando segredo. Depois de realizado este procedimento, o profissional recolhe as fichas.

A um sinal dado pelo profissional de recreação, os participantes começam a representar sons, formas e movimentos típicos do super-herói ou parceiro com que foi sorteado, na tentativa de atrair seus correspondentes. A atividade torna-se engraçada quando os super-heróis começam a voar, pular, correr, atirar, dar cambalhotas e fazer poses.

Os participantes podem fazer qualquer ruído que desejarem, cada super-herói ou parceiro deve atrair seu correspondente por meio da autenticidade de suas representações.

Esconderijo Secreto

Para a realização desta atividade, o profissional de recreação utiliza como material recreativo, lenços de pano, figuras ou bonecos de super-heróis e seus inimigos.

Antes de reunir os participantes, o profissional de recreação esconde na área onde a atividade recreativa acontece, cerca de dez figuras ou bonecos de super-heróis e dez figuras ou bonecos de seus inimigos. Disponha as mesmas figuras ou os mesmos bonecos sobre um lenço e cubra-os com outro lenço.

Peça aos participantes que se aproximem e diga-lhes que, debaixo do lenço, há dez super-heróis e dez inimigos escondidos nas proximidades. Levante o lenço durante trinta segundos para que possam observar atentamente os super-heróis e os inimigos, estimulando-os para que tentem se lembrar de todos.

Depois de observá-los, os participantes saem à procura dos esconderijos secretos dos super-heróis e de seus inimigos, sem revelar o que e onde encontraram. Após cinco minutos de busca, chame-os de volta. Tire misteriosamente os bonecos ou as figuras do lenço, um de cada vez, e questione sobre características interessantes sobre eles. A cada super-herói ou inimigo apresentado, pergunte aos participantes se encontraram e onde uma figura ou um boneco idêntico. Após repetir esta atividade várias vezes, você observa que ela produziu um grande efeito de concentração e memorização nos participantes.

Zôo

Esta atividade temática é desenvolvida quando o tema da decoração da festa ou do evento são os animais. Para tanto, o profissional de recreação utiliza como material recreativo somente vendas para os olhos.

O profissional de recreação pede aos participantes que cada um escolha um animal para imitar durante a atividade e depois se espalharem pelo espaço onde a atividade se desenvolve. Em seguida, venda os olhos de um voluntário, que deve conhecer os nomes dos animais espalhados pelo espaço.

Cabe ao voluntário, de olhos vendados, chamar pelo animal, e o participante responde imitando o som do animal escolhido. Por exemplo: um cachorro... O participante deve latir. Um gato... O participante deve miar e etc. A seguir, o voluntário vai ao encontro da pessoa que atende à chamada, procurando localizá-la e tocá-la. Se, após duas chances, não tiver encontrado o animal chamado, a brincadeira continua com outro voluntário.

Passeio ao Zoológico

Esta atividade também tem como tema os animais. Para a realização desta atividade, utilizam-se cadeiras ou bambolês. O profissional de recreação, organiza previamente um círculo com cadeiras e solicita aos participantes que ocupem os assentos. Caso não seja possível a utilização de cadeiras, estas são substituídas por bambolês ou até mesmo folhas de jornal. Neste momento, o profissional de recreação permanece em pé no meio do círculo.

O profissional explica que contará uma história sobre um passeio ao zoológico e toda vez que pronunciar a frase "OLHA A BÓIA", todos devem se levantar e rodopiar diante de sua própria cadeira, sentando-se imediatamente. E, toda vez que, no decorrer da história do passeio, o profissional de recreação pronunciar a palavra: "CHUVA", todos devem se levantar e mudar de assento.

Ao dizer "CHUVA", o profissional de recreação procura ocupar uma das cadeiras e o participante que não conseguir assento deve prosseguir à narração da história. A atividade prossegue enquanto houver motivação.

Jogo da Família

O profissional de recreação pede aos participantes que, de mãos dadas, dois a dois, formem as casas das famílias. Dentro de cada casa se coloca um participante, que é o filho. O profissional de recreação comanda o jogo e fica sem casa.

Quando o profissional gritar "MUDAR DE CASA", todos os filhos saem da casa e entram numa outra casa. O participante que ficar sem casa passa a comandar. A atividade recreativa pode continuar enquanto houver motivação.

O Jogo do Mico

Esta atividade recebe o nome de jogo do mico por dois motivos. O primeiro é que esta atividade também trabalha o tema animais e o segundo motivo, porque, ao final da atividade, todos os participantes pagam um mico.

O profissional de recreação orienta que todos participantes fiquem em pé em forma de círculo. O profissional explica que dirá o nome de um animal em extinção no ouvido de cada um (na verdade, soprará o nome do mesmo animal "MICO" para cada um dos participantes).

Para disfarçar um pouco, o profissional pode falar o nome de alguns animais diferentes para dois ou três participantes. E assim que todos os participantes receberem o nome do animal, devem se juntar em forma circular, entrelaçando os braços.

Os participantes permanecem nesta posição e o profissional de recreação, neste momento, sai do círculo e então chama alguns nomes de animais. O participante que ouvir o seu animal (aquele falado em seu ouvido no início da atividade) deve se deixar cair. Porém, todos os outros participantes fecham-no de tal maneira que impeça sua queda.

Neste primeiro momento, o profissional pronuncia o nome daqueles animais diferentes para disfarçar possíveis dúvidas dos participantes. Mas, no momento em que disser o nome do animal que a grande maioria recebeu (MICO), (é bom lembrar que o grupo dos participantes desconhece que todos receberam o nome do mesmo animal em extinção), caem todos no chão e pagam um grande "mico".

Cadê Você?

Esta atividade tem como tema personagens infantis, não necessariamente personagens heróis. O importante é que estejam presentes no cotidiano dos participantes. Para a realização desta atividade, utilizam-se cadeiras ou bambolês. O profissional de recreação faz um círculo com as cadeiras e coloca tantas cadeiras quantas forem as pessoas que participam da brincadeira, mais uma. Em seguida, o profissional de recreação pede a todos os participantes que sentem nas cadeiras.

Após todos sentados, o profissional de recreação pede a todos que escolham para si o nome de um personagem infantil. E diz ao participante sentado à direita da cadeira vazia que inicie o jogo dizendo: Cadê a chapeuzinho vermelho? E a pessoa que corresponde ao chapeuzinho vermelho se levanta imediatamente e vai se sentar na cadeira vazia.

Ao levantar-se, a pessoa sentada à sua direita continua a brincadeira, dizendo: Cadê o Pato Donald? O profissional de recreação anota o nome das pessoas distraídas ou que interrompem a continuidade da atividade. A pessoa que errar três vezes paga um mico ou uma prenda.

O Beijoqueiro

O tema para esta atividade depende da escolha do profissional de recreação. Para a realização desta atividade, utiliza-se como material recreativo folhas de sulfite, fotos ou figuras de personagens famosos. O profissional de recreação prepara previamente em folhas sulfite várias fotos coladas com artistas, animais e personagens infantis como Lobo Mau, Patinho Feio, Bruxa e etc.

Após isso, o profissional de recreação espalha pelo chão as diferentes fotos. A seguir, escolhe um voluntário a quem se vendam os olhos. Assim, deve escolher cinco figuras e depois beijá-las. A atividade se torna engraçada quando o profissional tira a venda dos olhos do participante e mostra quem ele beijou.

Esta atividade se torna muito cômica quando realizada com adultos e, dentre as figuras e fotos, estão homens e mulheres muito bonitos e homens e mulheres muito feios também.

Brincando com os Números

Para a realização desta atividade, utiliza-se como material recreativo folhas sulfite com números e fita isolante. O profissional de recreação deve formar dois subgrupos. Cada subgrupo recebe os mesmos números colocados nas costas dos participantes.

Com estes números cada subgrupo deverá formar o número equivalente a soma final solicitada pelo profissional com os algarismos colocados nas costas de seus membros. Assim, por exemplo, o profissional de recreação dirá 54 + 56 = ...

Uma vez que o grupo obtém o resultado, os participantes com os números colados nas costas devem formar o número final. É vencedor o subgrupo que primeiro formar o número.

Os números podem ser substituídos por letras e ao invés de formarem códigos numerais deverão formar palavras. A atividade recreativa pode continuar enquanto houver motivação.

Desafios Socioculturais

Neste item, apresento alguns desafios socioculturais que são utilizados como opções de entretenimento em festas e eventos. Considero como desafios socioculturais todas aquelas atividades em que o profissional de recreação propõe desafios e jogos que testam as habilidades intelectuais e culturais dos participantes.

Propor estes desafios é um excelente tipo de "quebra-gelo" para aqueles participantes mais tímidos e receosos, já que muitos deles são feitos de forma individual ou em pequenos grupos. Estes desafios são atividades muito interessantes para se desenvolver com participantes adultos que ainda não se conhecem.

Vale ressaltar sua relevância, já que o processo de tematização destes desafios é fácil e também de simples adaptação para qualquer faixa etária. Basta que o profissional de recreação crie dificuldades para o desafio, sempre respeitando as características da faixa etária do público a que se propõe o desafio.

Estes desafios estão espalhados pelo local da festa ou evento e nem é preciso a presença do profissional para explicação, basta que as regras estejam escritas e claras no próprio local. Nestes casos, é interessante que ocorra uma premiação para o participante que realizar o desafio proposto. Esta premiação facilita a motivação dos participantes.

Estes desafios são desenvolvidos isoladamente como diferentes atividades recreativas ou então desenvolvidos em grupo, formando diferentes etapas de uma grande gincana cultural.

Desafio do Trava-língua

Entendo como Trava-língua aqueles agrupamentos de frases ou sílabas que se assemelham foneticamente, possuem uma pronúncia parecida e que, lidas rapidamente, confundem o leitor. Após presenciar repetidas vezes como as pessoas se divertem dizendo ou ouvindo este "Trava-língua", desenvolvi uma atividade na qual esta repetição de palavras é utilizada como opção de atividade recreativa.

O profissional de recreação divide os participantes em duas equipes. A seguir, distribui uma lista de trava-línguas e solicita que escolham um deles, para que um dos integrantes da outra equipe leia. Depois de realizadas as escolhas, o integrante da equipe escolhida para leitura deve ler o trava-língua sem errar ou engasgar na leitura, sem "tropeçar" na letra e nem errar a palavra. É importante que o profissional de recreação incentive o participante a ler rapidamente.

Enquanto o participante lê o trava-língua, o profissional de recreação conta quantas vezes ele erra. Depois, o profissional repete o processo com o integrante da outra equipe. Vence o jogo a equipe que o participante leitor obteve menos erros.

Este desafio é muito interessante porque, além de divertir, desenvolve a dicção dos participantes.

Sugestões de alguns "Travas-línguas":

É Crococrilo? É Cocodrilo?
É Cocrodilo? É Cocodilho?
É Corcodilho? É Crocodilo?
É Crocodilho? É Corcrodilo?
É Cocordilo? É Jacaré?
Será que ninguém acerta
O nome do Crocodilo Mané?

A Sábia não sabia
Que o sábio sabia
Que o sabiá sabia
Que o sábio não sabia
Que o sabiá não sabia
Que a sábia não sabia
Que o sabiá sabia assobiar

Um ninho de mafagafas
Tinha seis mafagafinhos
Tinha também magafaças

113

Maçagafas, Maçafinhos
Mafafago, Magaçafas
Maçafagas, magafinhos
Isso além dos magafafos
E dos magafafinhos

O desinquivincavacador
Das caravelarias
Desinquivincacavaria
As cavidades que deveriam ser
Desinquivincavacadas

Mefistóles Felestofisme
Fez com que tomelesfisse os
Lesfemefisto e os
Fisfemetoles com os
Femetofisles e os tolesmefifes
Foi daí que nasceu um
Metofisfeles felestofismezinho

Disseram que na minha rua
Tem paralelepípedo feito
De paralelogramos
Seis paralelogramos,
Tem um paralelepípedo
Mil paralelepípedos
Tem uma paralelepipedovia

Uma paralelepipedovia
Tem mil paralelogramos
Então uma paralelepipedovia
É uma paralelogramolândia

Não confunda Ornitorrinco com Otorrinolaringologista
Ornitorrinco com Ornitologista
Ornitologista com Otorrinolaringologista
Por que Ornitorrinco é Ornitorrinco
Ornitologista é Ornitologista
E Otorrinolaringologista é Otorrinolaringologista

Desafios de Correlação

Nos desafios de correlação, os participantes têm o objetivo de correlacionar corretamente os itens que são solicitados. Este tipo de desafio se assemelha a um jogo da memória, porque requer o uso da mesma por parte dos participantes. A seguir, demonstro alguns exemplos de desafios.

Desafio Canino

Personagens de Desenho Animado

O objetivo deste desafio é conseguir correlacionar corretamente os nomes dos personagens famosos de desenhos animados com os nomes de seus respectivos cachorros. O profissional de recreação divide os participantes em duas equipes e, após explicar o objetivo para os participantes, entrega uma lista só com os nomes dos personagens famosos. Eis o exemplo:

Nome do personagem	Nome do cachorro
Os Simpsons	
Doug Funny	
O fantástico mundo de Bobby	
Mickey Mouse	
	Nome da equipe: _____ Total de pontos: _____

Depois da entrega da lista com os nomes dos personagens, o profissional de recreação estipula um tempo para que os participantes correlacionem personagens e cachorros. Após o término do tempo, o profissional de recreação recolhe a relação e confere com o gabarito.

Nome do personagem	Nome do cachorro
Os Simpsons	Ajudante de Papai Noel
Doug Funny	Costelinha
O fantástico mundo de Bobby	Roger
Mickey Mouse	Pluto
GABARITO	

Vence a equipe que obtiver o maior número de acertos. Como afirmei, estes desafios são desenvolvidos como provas de uma gincana cultural ou desenvolvidos isoladamente. Independente da forma como estes desafios são aplicados, é extremamente importante que o profissional de recreação explique bem as regras para evitar desentendimentos no decorrer da atividade.

Desafio do Slogan

O desafio do *slogan* segue a mesma linha do desafio canino, porém, o objetivo deste é conseguir correlacionar corretamente os *slogans* com suas respectivas marcas. O profissional de recreação pode seguir as mesmas orientações do desafio descrito anteriormente. Vale ressaltar que quanto mais recentes os *slogans* mais motivante será o desafio. Porém, os *slogans* antigos também são válidos para aumentar a dificuldade do desafio.

Sugestão de alguns *slogans*:

Frase / Slogan	Marca
As manchas saem, as cores ficam	Omo
Original do Brasil	Guaraná Antárctica
Gostoso como a vida deve ser	Mc Donald´s
Todo mundo usa	Havaianas

Cito agora algumas sugestões de correlações que o profissional de recreação pode desenvolver durante sua programação de atividades recreativas:

País - Nome de sua moeda.

Estado - Nome de sua capital.

Modelo de carro - Nome de sua montadora.

Estado ou cidade - Número de seu DDD.

Desafio da Trilha Sonora

Considero como trilha sonora aquelas músicas que são fundo musical para aberturas e/ou encerramentos de programas, seriados, filmes ou novelas. Muitas trilhas sonoras se tornaram famosas justamente por estarem presentes em produções de sucesso.

Este desafio difere dos anteriores porque requer dos participantes conhecimentos musicais, mas, com o mesmo objetivo de correlação. Neste desafio, os participantes precisam relacionar a trilha sonora com o filme, seriado ou novela que a tornou conhecida. Para a realização deste desafio é necessário um aparelho de som e um repertório com trilhas sonoras.

Este desafio funciona muito bem com adultos, principalmente quando as trilhas sonoras de filmes e seriados que fizeram parte de sua infância estão presentes no repertório escolhido pelo profissional de recreação.

O profissional de recreação, após explicar os objetivos da atividade, divide os participantes em duas equipes e distribui para cada equipe uma folha e uma caneta para registrar os palpites que os participantes têm no decorrer do desafio.

Ao fim do mesmo, o profissional de recreação apresenta o gabarito e confere as respostas. Vence a equipe que obtiver o maior número de acertos.

Caça-Tesouro

O caça-tesouro, como o nome próprio já representa, é uma atividade na qual os participantes têm como objetivo caçar, procurar um tesouro escondido. Para facilitar esta busca, contam com pistas e enigmas que, quando decodificados, apontam direções próximas ao tesouro escondido.

Este tipo de jogo, devido à sua complexidade na fase de preparação, costuma acontecer em acampamentos e hotéis nos quais os profissionais de recreação conhecem bem o local onde a atividade se desenvolve. Em festas e eventos, muitas vezes, os profissionais de recreação não conhecem o local, dificultando, assim, a elaboração de um caça-tesouro.

Em algumas das opções de caça-tesouro descritas a seguir, utilizo cartões que funcionam como pistas que levam os participantes a conquistar o objetivo. A utilização destes cartões possibilita ao profissional de recreação realizar o desafio sem o prejuízo do desconhecimento do local, já que sua preparação independe de fatores externos.

Caça-Tesouro Tradicional

Para que o leitor entenda melhor o desenvolvimento deste tipo de jogo, apresento uma breve explicação.

Um caça tesouro tradicional é dividido em três momentos distintos. São eles:

- Preparação/elaboração.
- Esconder as pistas/tesouro.
- Desenvolvimento do jogo.

Fase 1 - Preparação/Elaboração

Nesta fase, o profissional de recreação responsável pela elaboração da atividade, conhece o local onde o jogo acontece e, antes de tudo, define o esconderijo do tesouro. Em seguida, define os lugares onde as pistas são escondidas. E, por fim, define a ordem das pistas que os participantes do jogo devem seguir até chegar à pista final que leva ao tesouro.

Exemplo:

O profissional de recreação foi contratado para prestar serviços de recreação em uma casa. Após conhecer o local, decide que esconderá o tesouro na garagem. Decide também seis lugares diferentes da casa para esconder seis pistas diferentes, que indicam a direção correta do tesouro. Os lugares são:

- Sala de estar, cozinha, quintal, quarto, corredor e garagem.

Terminado esta escolha, o profissional de recreação prepara uma pista ou enigma para cada lugar. Por exemplo:

1. *Sala de estar.*

   A próxima pista está escondida onde as visitas são recebidas.

2. *Cozinha.*

A próxima pista está escondida onde se preparam os alimentos que comemos.

3. *Quintal.*

A próxima pista está escondida onde existem muitas plantas.

4. *Quarto.*

A próxima pista está escondida onde dormimos.

5. *Corredor.*

A próxima pista está escondida em um local que serve de ligação entre diferentes cômodos.

6. *Garagem.*

O tesouro está escondido onde se guardam os carros.

A primeira fase se encerra quando o profissional de recreação termina de confeccionar as pistas e seus respectivos enigmas.

Fase 2 - Esconder as Pistas e o Tesouro

Preparadas todas as pistas, o profissional de recreação esconde o tesouro e as pistas nos locais predefinidos. Após esconder, encerra esta fase. Porém, é importante que o profissional confira a ordem e separe a primeira pista que é entregue na mão dos participantes.

Fase 3 - Desenvolvimento do Jogo

Após o processo de esconder, o profissional de recreação reúne os participantes e entrega a primeira pista em mãos. Permite que os participantes decifrem o enigma e, então, inicia-se o jogo.

Caso o caça-tesouro aconteça com uma única equipe, o jogo termina quando esta encontra o tesouro e conquista o objetivo. Caso o jogo aconteça com mais de uma equipe, o jogo termina quando uma encontra o tesouro antes da outra.

Como dito, o caça-tesouro requer um bom e atencioso planejamento por parte do organizador do jogo. Não pode conter erros em sua preparação. Um simples equívoco interfere no desenvolver de toda a atividade. E esta atenção requer tempo de preparo, coisa que, muitas vezes, o profissional de recreação não tem.

A seguir, apresento minha sugestão de como se pode desenvolver e comercializar esta atividade em festas e eventos de uma forma simples que facilita o processo de preparação e realização do jogo. Acredito que desta maneira, o jogo se torna interessante e viável.

A grande diferença deste caça-tesouro em relação à forma tradicional é que o profissional de recreação não precisa confeccionar as pistas durante a festa ou o evento. Não precisa porque já estão prontas. O profissional confecciona previamente cerca de trinta cartões diferentes que podem servir em diferentes situações. De que forma executar tal tarefa?

Veja o quadro a seguir... São modelos de cartões (pistas) com quatro lugares diferentes, sendo todos comuns. No primeiro bloco, o enigma é composto por desenhos representativos de lugares. Estes desenhos funcionam para crianças não alfabetizadas. No segundo bloco, a pista possui um enigma simples, voltado para crianças recém-alfabetizadas. Enquanto no terceiro bloco, cada pista possui um enigma mais elaborado, voltado para crianças com o raciocínio concreto capaz de associações.

Caça-tesouro	Caça-tesouro	Caça-tesouro
	*Dica:* a próxima dica está perto de um ser vivo de cor verde	*Dica:* fotossíntese
	*Dica:* a próxima dica está perto de um lugar confortável para sentar	*Dica:* acomodação de visitas
	*Dica:* a próxima dica está perto de onde vem a música	*Dica:* quem canta seus males espanta

Caça-tesouro

Caça-tesouro

Dica:

a próxima dica está perto de um aparelho que faz e recebe ligações

Caça-tesouro

Dica:

atenção! chamada a cobrar

Imagino que cada "Kit Caça-tesouro" que o profissional de recreação confecciona previamente pode conter trinta opções de lugares diferentes possíveis para esconder pistas, que se enquadram nos ambientes mais atípicos para a realização dos eventos: casas, prédios, clubes, escolas e etc.

As pistas podem estar escondidas ou coladas em diversos lugares, tais como: garagem, cozinha, sala de jantar, sala de estar, banheiros, quartos, quintal, jardim, plantas, árvores, churrasqueira, lareira, portão, corredor, quarto de empregada, escada, próximos a eletrodomésticos como telefone, televisão, geladeira, computador, próximos a móveis como sofás, camas, cadeiras, mesas, armários e etc. Porém, não se esqueça do mais importante: priorize sempre a segurança dos participantes. Caso o lugar ofereça algum risco de acidente, opte por um lugar em que este risco é menor ou não existe.

O leitor deve estar se perguntando: e se a festa acontecer em um grande salão quadrado sem cômodo algum, onde escondo estas pistas?

Calma, leitor... Não se desespere... Existe também outra possibilidade. No caso de uma festa ou qualquer outra reunião de pessoas, ao invés de esconder as pistas em lugares, o profissional pode contar com a colaboração de algumas pessoas e esconder as pistas nelas. Veja o quadro a seguir.

Caça-tesouro

Caça-tesouro

Dica:

a próxima dica está com alguém de cadeira de rodas

Caça-tesouro

Dica:

para andar não utilizo minhas pernas e sim meus braços

Caça-tesouro

Caça-tesouro

Dica:

a próxima dica está com um homem

Caça-tesouro

Dica:

sou do sexo masculino

Caça-tesouro

Caça-tesouro

Dica:

a próxima dica está com uma mulher

Caça-tesouro

Dica:

sou do sexo feminino

Caça-tesouro

Caça-tesouro

Dica:

a próxima dica está com alguém de óculos escuros

Caça-tesouro

Dica:

estou usando uma proteção para os meus olhos

Como afirmei, os participantes não procuram uma pista escondida ou colada em um lugar, mas sim, pegam as pistas com as pessoas presentes. Uma terceira possibilidade ainda é o profissional de recreação mesclar as duas formas.

Os caça-tesouros são atividades que possibilitam tematização. Assim, futuramente, caso o profissional perceba que este tipo de jogo é bem aceito pelo seu público-alvo, pode desenvolver caça-tesouros específicos como, por exemplo, caça-tesouro na escola, caça-tesouro no clube, caça-tesouro no condomínio, caça-tesouro no buffet infantil, numa festa de aniversário, caça-tesouro em uma festa de confraternização de funcionários, caça-tesouro na fazenda e etc.

Cada local e cada tipo de evento possui uma característica específica. Cabe ao profissional de recreação, preparar-se previamente para cada situação.

A seguir, descrevo algumas dicas que acredito serem importantes para o bom desenvolvimento do trabalho do profissional de recreação em caça-tesouros:

Dicas

Para Apenas Uma Equipe Participante

1. O profissional de recreação organizador da atividade, a partir das pistas que tem no "kit caça-tesouro", define quais e quantas pistas vai utilizar durante o caça-tesouro.

2. Após definição da quantidade das pistas, define a ordem que os participantes vão ter que encontrar as pistas até o tesouro.

3. O profissional esconde as pistas e o tesouro.

4. O profissional de recreação entrega a primeira pista para os participantes e os libera para a busca das outras pistas.

5. O jogo termina quando a equipe participante encontra o último cartão, representante do tesouro.

6. Para aumentar o desafio, o profissional pode determinar um tempo para os participantes encontrarem o tesouro.

Dicas

Para Duas Equipes Participantes

Equipe A Versus Equipe B

1. O profissional de recreação, a partir das pistas que tem no "kit caça-tesouro", define quais e quantas pistas

vai utilizar durante o jogo. Neste caso, já que participam duas equipes diferentes, o profissional precisa ser justo. É essencial que existam dois cartões iguais, com pistas e enigmas iguais, podendo ser confeccionados de cores diferentes para distinguir equipes diferentes. Apesar de decifrarem os mesmos enigmas, as equipes desenvolvem o jogo em ordens diferentes.

Veja o exemplo:

Ordem	Equipe 1	Equipe 2
1	Sala	Quintal
2	Quarto	Cozinha
3	Corredor	Corredor
4	Cozinha	Quarto
5	Quintal	Sala
6	Garagem	Garagem

2. Após definição da quantidade e ordem das pistas, o profissional as esconde juntamente com o tesouro.

3. Após esconder, o profissional de recreação entrega a primeira pista para cada equipe e os libera para a busca das outras pistas.

4. O jogo termina quando uma equipe encontrar primeiro o cartão que representa o tesouro.

Premiação

Todo jogo deve possuir também um cartão que corresponde ao tesouro, conforme o exemplo:

Os desenhos, *cliparts*, símbolos ou figuras utilizados na confecção dos cartões para estas atividades são encontrados prontos na ferramenta *Word* do *Windows* e também em bancos de imagens. Cada cartão é dividido em duas partes: na superior, o nome da atividade, no restante, a figura ou enigma correspondente para aquela pista.

Caso o profissional de recreação trabalhe para uma empresa prestadora de serviços de recreação, o verso destes cartões são excelentes espaços para divulgação da marca, do logotipo e dos contatos da empresa, como *home page*, *e-mail* e telefones.

Caça-Tesouro Cooperativo

Esta atividade é uma variação simples de um caça-tesouro, porém, não requer muito tempo para elaboração e não há necessidade de conhecer o local anteriormente. Excelente para aqueles profissionais que desenvolvem serviços de recreação em domicílio. Esta atividade utiliza como material recreativo apenas cartões com letras.

Previamente, sem que os participantes percebam, o profissional de recreação escolhe um local e então esconde o tesouro. Por exemplo: o profissional decidiu esconder o tesouro no jardim. A seguir, esconde, em outros lugares mais fáceis, diferentes letras que juntas formam a palavra "Jardim".

Modelo de cartões:

Depois de esconder todas as letras, o profissional explica aos participantes que procurem seis lugares diferentes (número de letras), nos quais em cada lugar encontram uma pista com uma letra. Após localizarem todas as letras, devem juntá-las, decifrar o enigma e ir de encontro ao lugar onde se encontra o tesouro.

Este é um tipo de caça-tesouro cooperativo. Não existem equipes. A atividade se encerra quando os participantes encontram o tesouro. Vale ressaltar que o enigma a ser decifrado, a palavra a ser soletrada não precisa ser um local, mas também uma pessoa que guarda o tesouro.

Caça-letrinhas no Jornal

Antes de começar a atividade, o profissional deve escolher um espaço dentro do local onde ocorre a festa ou o evento e, então, esconder o tesouro. Após isso, divide os participantes em duas equipes. O profissional utiliza como material recreativo, jornal velho e canetas.

Distribui uma folha de jornal e uma caneta para cada equipe. O profissional de recreação explica aos participantes que na primeira fase da atividade eles só devem circular o maior número de letras que ele pedir. Marca dez pontos a equipe que circular o maior número de letras. O profissional, sem que os participantes percebam, diz todas as letras que, juntas, formam a palavra que representa o esconderijo do tesouro.

Exemplo: o profissional de recreação esconde o tesouro embaixo de um tapete. Então, na primeira fase, pede a letra T. Depois, a letra A... P e assim por diante, até formar a palavra desejada. Quando finaliza, explica a segunda fase. O profissional pede às equipes que juntem as letras e descubram onde está escondido o tesouro. O profissional de recreação libera a equipe que vencer a fase 1 alguns segundos antes para que a primeira fase tenha relevância.

Vence a equipe que primeiro desvendar o enigma e encontrar o tesouro.

Caça-números

O profissional de recreação utiliza como material recreativo, cartões com números e símbolos. Antes de iniciar o jogo, o profissional esconde os cartões que representam os números e símbolos por todo o espaço. A função destes símbolos é que sirvam como coringas e, durante a segunda fase da atividade, substituídos por alguns números.

Modelo de Cartões:

Após esconder, o profissional divide os participantes em duas equipes e explica que a atividade possui duas fases. Durante a primeira, os participantes procuram pelo espaço os cartões com os números e símbolos dentro de um tempo estipulado pelo profissional de recreação.

Acabado o tempo, inicia-se a segunda fase da atividade. O profissional explica aos participantes que os questionará e que só poderão responder utilizando os números como respostas. E que a equipe que responder corretamente primeiro marca pontos.

Exemplo: em uma festa de aniversário, o profissional pergunta às equipes a data de nascimento do aniversariante.

Caso falte algum número para a equipe completar a resposta, esta pode substituir o número que falta por um símbolo, desde que este símbolo permita a mudança (como o símbolo utilizado no exemplo acima, que permite apenas substituir um número par). Na verdade, o símbolo assume a função de um coringa.

Vence a equipe que marcar mais pontos ao término das questões, ou seja, a equipe que responder corretamente mais vezes as questões levantadas.

Homem Aranha

Este é um exemplo de caça-tesouro temático. Possui um enredo, uma história, um jogo inspirado no personagem infantil "Homem Aranha". A atividade utiliza como material recreativo um relógio despertador e cartões com símbolos.

Modelo de cartões

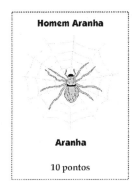

Homem Aranha  **Máquina Fotográfica** 30 pontos	**Homem Aranha**  **Inimigo** 50 pontos
Homem Aranha  **Dinheiro** 100 pontos	**Homem Aranha**  **Bomba** 150 pontos

Antes de iniciar o jogo, o profissional de recreação esconde os cartões pelo espaço onde será realizada a atividade recreativa. Logo após esconder, divide os participantes em duas equipes.

O profissional explica aos participantes que o inimigo do Homem-Aranha armou quatro bombas pelo espaço e que o objetivo deles é encontrar as bombas antes que elas explodam, desarmando-as. O profissional deve programar o relógio para que desperte após dez minutos do início da atividade. Ao término do tempo, quando escutam soar a campainha do relógio, descobrem que explodiram as bombas e não cumpriram com o objetivo do jogo.

Porém, neste tempo, não devem procurar somente os cartões que representam a bomba, mas sim todos os outros cartões. Como exemplifico no modelo, cada cartão possui uma pontuação que é considerada ao final da atividade, somando os pontos de cada equipe.

Os outros símbolos possuem significados. A aranha representa o Homem Aranha. A teia representa a teia que o homem aranha utiliza para prender os seus inimigos. A máquina fotográfica representa a profissão do *Peter Parker* (Homem Aranha) e através dela tira as fotos que vende para o jornal no qual trabalha. O dinheiro representa o que ele ganha em troca das fotos que vende. O inimigo representa uma foto que o Homem Aranha tirou durante um combate. E, por fim, a bomba que representa o explosivo que o inimigo escondeu e que, se não for encontrada, pode causar estragos.

Cada cartão possui uma pontuação. Quanto menor a pontuação do cartão maior o número de cartões com aquele desenho. E quanto maior sua pontuação, menor o número de cartões com aquele desenho serão escondidos.

Sugiro o seguinte número de cartões:

Nº de pessoas	Aranha	Teia	Máquina	Inimigo	Dinheiro	Bomba
Até 20	20	15	10	05	03	02
Até 30	30	25	20	10	06	04
Até 40	40	35	30	15	07	05
Acima de 40	50	45	40	20	10	05

Após explicar as regras, o profissional de recreação libera os participantes para a procura dos símbolos. Esta procura deve durar até o relógio despertar. Quando isso acontecer, as duas equipes voltam ao ponto de partida e então o profissional faz a contagem final dos pontos.

XII

Considerações Finais

O profissional de recreação percebe que ao longo de sua carreira adquirir uma vasta cultura, facilita o processo de comunicação com o público. Uma boa formação cultural favorece também a abertura a outros campos do conhecimento e, deste modo, auxilia o profissional no processo de integração com profissionais de outras áreas, que podem estar envolvidos no trabalho. No caso específico de festas e eventos, determinados conhecimentos se dão nos momentos de diálogo e integração com os profissionais de outras áreas.

No setor de festas e eventos, o profissional de recreação aprende a prestar atenção às coisas e às pessoas e isto implica duração e aprofundamento da apreensão. O futuro de um profissional depende de sua capacidade de criar inovações e idéias, as quais são capazes de solucionar problemas ou desenvolver novos projetos e programações de lazer. O clima geral de concorrência que caracteriza atualmente o setor, contribui para o sucesso do profissional que se capacita e qualifica para atender diferentes tipos de pessoas e de culturas.

As atividades de informação e comunicação são primordiais para a qualidade da relação entre o profissional de recreação e seu cliente. O trabalho em questão não pode ser feito da mesma maneira sempre, não existe uma receita de bolo. Há uma variação na forma de abordagem de cliente para cliente e este profissional está sempre aberto e apto para estudar as relações interpessoais, estar aberto e apto para trabalhar e lidar com diferentes tipos de pessoas e diferentes tipos de personalidades.

O desenvolvimento do trabalho de um profissional de recreação exige o cultivo de qualidades humanas que correspondem à capacidade de estabelecer relações estáveis e eficazes com seus clientes. O profissional precisa desenvolver conhecimentos sobre os outros, sobre outras culturas, costumes e tradições e até sobre sua espiritualidade. Hoje em dia, esta é uma das maiores dificuldades para o desenvolvimento do setor, já que os seres humanos têm tendência a supervalorizar suas qualidades e as do grupo a que pertence e a "alimentar" preconceitos desfavoráveis em relação aos outros.

Com um estudo mais aprofundado sobre a cultura geral de outros povos, é possível tomar consciência das semelhanças e então propor novas opções de programas recreativos que se adeqüem ao perfil cultural daquele grupo. Assim, o aprendizado sobre diferentes tipos de cultura e costumes pode servir de referência para futuras criações de projetos de lazer.

Com o crescimento econômico e desenvolvimento constante do setor de lazer, entretenimento e eventos no mundo, um dos principais "motores" é a inovação, tanto social como econômica, enfocando a imaginação e a criatividade. O setor precisa de novos talentos, abertos e preparados para novas descobertas e experimentações.

O profissional não pode ser preparado somente para uma tarefa material ou para o desenvolvimento de algumas atividades recreativas. É preciso que ele seja preparado também para participar na criação de algo que ajude o setor a se desenvolver. Como conseqüência, as técnicas existentes devem evoluir e não podem mais ser consideradas como simples transmissão de atividades práticas mais ou menos rotineiras, embora estas continuem a ter um valor recreativo que não é de se desprezar.

Com o aumento do tempo livre, com o desenvolvimento do setor de serviços, o mercado de trabalho atuante no setor de recreação aumentou suas exigências em matéria de qualificação profissional. Qualidades como a capacidade de comunicar, de trabalhar em equipe, de gerir e de resolver conflitos, tornam-se cada vez mais importantes.

Lembre-se que as atividades recreativas podem também contribuir para o desenvolvimento total das pessoas, podem ser trabalhados diferentes aspectos como: espiritualidade, expressão corporal, desenvolvimento do raciocínio, sensibilidade, sentido estético e responsabilidade pessoal e social.

Na criação de projetos, procure alternativas que modifiquem a rotina daquele grupo que vai usufruir dos benefícios de sua proposta e que ofereça opções de programas recreativos que valorizem aquilo que é querido e bem aceito para o seu cliente. Procure em algumas ocasiões incluir em suas programações, atividades que propiciem momentos que estimulem a cooperação. Isso pode ser realizado no campo das atividades esportivas, culturais e sociais.

Confronte seus clientes através de diálogos e da troca de argumentos, mostrando a importância e a necessidade de um profissional de recreação na criação de projetos e propostas, visando um melhor aproveitamento das opções de entretenimento existentes.

É isso... Boa sorte.

Referências Bibliográficas

ANTUNES, Celso. *Relações interpessoais e auto-estima: a sala de aula como um espaço do crescimento integral.* Fascículo 16 / Celso Antunes. RJ: Vozes, 2003.

ALVES, Rubem. *Filosofia da ciência: introdução ao jogo e as suas regras.* SP: Edições Loyola, 2003.

ALVES, Rubem. *A maçã e outros sabores.* São Paulo: Editora Papirus, 2005.

ALVES, Rubem. *Concerto para Corpo e Alma.* Campinas, São Paulo, Editora Papirus, 1998.

ANSARAH, Marília Gomes dos Reis. (Org) *Turismo. Como aprender, como ensinar. 2.* São Paulo: Editora Senac, 2001.

BRUHNS, Heloisa Turini (Org.). *Introdução aos estudos do lazer.* Campinas: Editora da Unicamp, 1997.

CAILLOIS, Roger. *Os jogos e os homens.* Lisboa, Cotovia, 1980.

CAMARGO, Luiz Octávio de Lima. *Educação para o lazer. São Paulo: Moderna, 1998.*

CAVALLARI, Vinícius Ricardo e ZACHARIAS, Vany. *Trabalhando com recreação*. São Paulo: Ícone Editora, 1994.

CHIAVENATO, Idalberto. *Gerenciando pessoas: como transformar gerentes em gestores de pessoas*. São Paulo: Prentice Hall, 2003.

DE MASI, Domenico. *A sociedade pós-industrial*. São Paulo: Esfera, 1999.

DENCKER, Ada Maneti de Freitas. *Métodos e técnicas de pesquisa em turismo*. São Paulo: Futura, 1998.

DIZART, Wilson Jr. *A nova Mídia: A comunicação de massa na era da informação*. Rio de Janeiro: Jorge Zahar Editor, 2000.

DUMAZEDIER, Jofre. *Lazer e cultura popular*. São Paulo: Perspectiva, 1976.

_____. *Valores e conteúdos culturais do lazer*. São Paulo: Sesc/Celazer, 1978.

MARCELLINO, N. C. *Estudos do Lazer: uma introdução*. Campinas: Autores Associados, 2000.

_____. *Lazer: Formação e atuação profissional*. Campinas: Editora Papirus, 1998.

_____. (Org). *Lazer: Formação e atuação profissional*. Campinas: Papirus, 2000.

_____. (Org). *Repertório de atividades de recreação e lazer: Para Hotéis, acampamentos, clubes, prefeituras e outros*. Campinas: Papirus, 2002.

MATIAS, Marlene. *Organização de Eventos: Procedimentos e técnicas.* São Paulo: Editora Manole, 2001.

PINA, Luiz Wilson. *Teoria geral do lazer.* São Paulo: 2001 (Apostila).

TRIGO, Luiz Gonzaga Godói. *Entretenimento: uma crítica aberta.* São Paulo: Editora Senac, 2003.

_____. (Org.). *Turismo. Como aprender, como ensinar. 1.* São Paulo: Editora Senac, 2001.

WERNECK, C.L.; STOPPA, E.A. e ISAYAMA, H.F. *Lazer e mercado.* Campinas: Papirus, 2001.

Associação Brasileira de Recreadores

Abre: Sonho ou Atitude?

Do sonho à atitude foram aproximadamente três anos até que esta entidade integrasse uma situação tão relevante e ao mesmo tempo não reconhecida.

Trata-se de uma entidade que tem por finalidade agregar valores aos profissionais do lazer aqui denominados "recreadores".

Sabe-se que a profissão não é regulamentada, nem tampouco amparada por um sindicato ou organização que acolha e oriente tal cidadão quanto aos seus direitos e deveres, bem como ofereça subsídios para seu desenvolvimento a partir de informações científicas / empíricas de outros profissionais das mais diversas áreas do lazer.

Existem instituições que oferecem cursos, palestras, *workshop* e até cursos superiores com o foco voltado para o lazer, porém, muitas vezes, estes não agregam todo o contingente de recreadores que atuam no mercado efetivamente.

Existem também muitas perguntas ainda sem respostas... Quem são os recreadores que atuam hoje no Brasil? Quantos são? Quais suas formações acadêmicas? Será que estes estão geograficamente concentrados nas capitais, São Paulo, Rio de Janeiro, Curitiba? Ou distribuídos em *Resorts* espalhados pelo litoral brasileiro?

Enfim, o fato é que antes de qualquer ação, é necessário conhecer o perfil desta comunidade, qual a identidade deste recreador e, posteriormente, descobrir as necessidades e anseios para que possamos atuar como um núcleo de formação e informação ao alcance de todos.

Vale salientar que nossa pretensão é de sermos uma referência a mais dentre outras já existentes, buscando com isto somar conhecimentos, experiências e que estas sejam propagadas para um universo ainda não atingido.

Há muito o que fazer e para muitos. Porém, nossos esforços não são menores que as necessidades existentes. Logo, entendemos tudo isto como um desafio e não como obstáculo.

Estamos estabelecendo um vínculo relevante com cada profissional, sendo este responsável e ético, pois acreditamos que só assim poderemos alcançar os objetivos aqui declarados e o reconhecimento e valorização devida dos órgãos públicos e privados em relação ao lazer.

Atenciosamente,

Daryw Mena Antonio

Presidente - ABRE - Gestão 2003 à 2005

ABRE - Conceito

A ABRE - Associação Brasileira de Recreadores — é uma associação sem fins lucrativos. Por não ter finalidade econômica, não distribuirá dividendo aos seus associados e os seus conselheiros e diretores não receberão remuneração, sendo gratuito o exercício de seus cargos, vedados à percepção de vantagens a qualquer título, e não respondendo pelas obrigações assumidas pela entidade em virtude de ato regular de gestão.

É importante salientar que para a ABRE é expressamente vedado tomar parte em quaisquer manifestações de cunho político, religioso ou de classe, não podendo ceder quaisquer de suas dependências para tais fins.

Muitas são as facetas no campo do lazer. Muitas são as possibilidades de trabalho neste campo tão rico e diversificado. Logo, são muitas as funções e as nomenclaturas adotadas hoje neste cenário.

Portanto, todo indivíduo que atua neste campo, ou ainda, que utiliza a recreação como ferramenta para o desenvolvimento de sua função, pode e deve ser um associado na ABRE.

Destacamos aqui o termo "recreador". Porém, o monitor, o coordenador de lazer, o instrutor de lazer, o monitor de passeios pedagógicos, monitor de acampamentos, monitor de hotéis e pousadas, o monitor de festas infantis, o animador sociocultural, o recreacionista, o recreólogo, o GO's (Gentis Organizadores, termo utilizado aos profissionais de lazer da rede hoteleira Club Med), enfim, todos aqui citados formam a classe profissional que justifica a existência desta entidade.

Por isso, convidamos todos a fazer parte desta luta por uma posição devidamente valorizada e reconhecida.

Missão

A ABRE tem como missão ser um núcleo de informação e formação para o profissional que atua no campo do lazer, promovendo a oportunidade de capacitação e qualificação do indivíduo, destacando, assim, o seu valor e sua importância enquanto entidade preocupada com o recurso humano existente.

Ser, ainda, uma fonte de profissionais responsáveis e preocupados com a ética e a excelência das atitudes e posturas pertinentes ao universo do lazer, desenvolvendo, neste contexto, a valorização e o prestígio merecido de todos.

Valores

Ética, profissionalismo, responsabilidade e comprometimento são alguns de nossos valores representados e apresentados pela ABRE, destacando o prestígio e a importância destes para os profissionais e para os cidadãos.

Objetivos

- Promover a valorização do Lazer, da Recreação e da Animação sociocultural no cotidiano, como entretenimento e como forma de educação não formal.
- Valorizar o profissional do Lazer, aqui tratado como recreador, e proporcionar aos associados, condições adequadas ao desenvolvimento profissional, estimulando a atualização e aperfeiçoamento dos profissionais da área através de cursos e encontros.
- Destacar a importância dos valores éticos e da postura profissional.
- Destacar os aspectos educativos de atividades recreativas.
- Promover e participar de atividades filantrópicas e assistenciais, podendo, para tanto, buscar parcerias com entidades públicas e privadas.
- Realizar estudos e pesquisas de interesse próprio, podendo também prestar serviço a outros institutos.
- Orientar, incentivar, dar assessoria, indicar e promover a criação de entidades estaduais filiadas a ABRE.

Mais informações sobre a associação no site
www.abrerecreadores.com